Kursbuch 199

Unglaubliche Intelligenzen

Kursbuch 199

Unglaubliche Intelligenzen

Herausgegeben von
Armin Nassehi und Peter Felixberger

Kursbuch Kulturstiftung

Klimaneutral
Druckprodukt
ClimatePartner.com/12752-1803-1001

Zum Ausgleich für die entstandene CO_2-Emission bei der Produktion dieses Buches unterstützen wir die Erhaltung und Wiederaufforstung des Kibale-Nationalparks in Uganda. Das Projekt trägt zum Klimaschutz bei, indem die Bäume bei der Fotosynthese Kohlenstoff aus der Luft binden, es schützt die Biodiversität des tropischen Waldes und sichert 260 Arbeitsplätze.

Das Kursbuch erscheint viermal im Jahr.
Das Heft kostet einzeln € 19,–
Das Jahresabo (4 Ausgaben) kostet € 60,–
Im Internet: https://kursbuch.online

Kursbuch Kulturstiftung gGmbH
Miramar-Haus, Schopenstehl 15, 20095 Hamburg
Tel.: 040/39 80 83-0
V. i. S. d. P.: Peter Felixberger

ISBN 978-3-96196-097-2
ISSN 0023-5652

Lektorat: Evelin Schultheiß, Luise Ritter
Herstellung und Gestaltung: Murmann Publishers GmbH, Hamburg
Druck: Steinmeier GmbH & Co. KG, Deiningen
Printed in Germany

Zuschriften bitte per Mail an: kursbuch@kursbuch.online
Abonnenten-Service: abonnements@kursbuch.online
Pressevertrieb: PressUp GmbH, Wandsbeker Allee 1, 22041 Hamburg. www.pressup.de

Armin Nassehi

Editorial

Manchmal helfen alte Weisheiten aus Stammesgesellschaften, um sich einem Thema zu nähern. In Bayern denkt man bei der Frage nach Intelligenz womöglich an das *Gscheithaferl.* Dazu heißt es in der *Süddeutschen Zeitung* in der entsprechenden Kolumne »Kratzers Wortschatz« der bayerischen Sprache am 3. Mai 2011:

> »Unter einem Tüpferlscheißer versteht man einen Menschen, der sich kleinlich gibt, einen Pedanten und Besserwisser. Im Norden würde man ihn einen Korinthenkacker nennen. Ein Tüpferlscheißer ist meistens auch ein Gscheithaferl, aber nicht jedes Gscheithaferl ist zwingend auch ein Tüpferlscheißer. Im Wörterbuch von Franz Ringseis wird das Gscheithaferl erklärt als ›einer, der vor Gescheitheit überläuft‹. Dies hat zur Folge, dass Gscheithaferl ähnlich nerven wie die Tüpferlscheißer. Nahe beim Gscheithaferl ist der Gschaftlhuber, der sich überall furchtbar wichtig nimmt. Aber das Leben lehrt, dass es bei den Gschaftlhubern mit der Gescheitheit oft nicht weit her ist.«

Wir wissen nicht, ob es auch hanseatische oder schwäbische, sächsische oder westfälische Varianten des *Gscheithaferls* gibt, von anderen Sprachräumen ganz zu schweigen. Sicher scheint aber zu sein, dass Intelligenz dann, wenn sie allzu ostentativ daherkommt, eher merkwürdig wirkt – vielleicht sogar wenig intelligent, *gschaftlhuberisch* eben. Dieses *Kursbuch* ist nicht auf der Suche nach den ostentativen Intelligenzen, sondern nach den eher verborgenen, den unglaublichen, den unerwarteten Intelligenzen. Deshalb machen wir einen großen Bogen um die explizite Intelligenz, und suchen sie dort, wo man sie womöglich nicht vermutet oder wo man noch mal genauer hinsehen muss.

Zum Beispiel in unseren beiden Gesprächen: Michael Popp, Unternehmer, Wissenschaftler, Pflanzensammler und ein cooler Typ, sucht die Intelligenz pflanzlicher Substanzen ohne esoterischen Schnickschnack, aber mit wissenschaftlicher Präzision – und muss mindestens so intelligent sein wie sein Gegenstand, um sich im Feld der Pharmazie durchzusetzen. Oder André Kieserling, Nachnachfolger des Soziologen Niklas Luhmann, der dessen legendären Zettelkasten archiviert, auswertet und analysiert. Ist der Kasten selbst intelligent? Oder ist er nur eine Entsprechung der Intelligenz seines Schöpfers? Oder ist dieser das Geschöpf seines intelligenten Kastens?

Das sind Fragen, die das Konstrukt Intelligenz, wie wir es aus der Psychologie und aus IQ-Berechnungen kennen, weit hinter sich lassen. So auch bei Michael Pilz, der im Periodensystem der Elemente eine intelligente Inszenierung sowohl der kosmischen Naturgeschichte als auch der menschlichen Kulturgeschichte freilegt. Auch um diese Intelligenz zu entdecken, muss man erst intelligent draufschauen. Überhaupt scheint die Intelligenz ein Korrelat der intelligenten Tätigkeit zu sein und nicht nur ein individualistisches Merkmal im Kopf von Menschen. Intelligenz könnte Folge, nicht Voraussetzung solcher Tätigkeiten sein. So findet Berit Glanz im Aspekt der Ambiguität das Intelligenzgenerierende der Literatur, Harro von Senger in der chinesischen Aufwertung der List eine ganz andere Bedingung für Intelligenz, und mein eigener Beitrag zeigt am Beispiel des wenig intelligenten und zum Tode verurteilten Mörders Daryl Atkins, wie er im Laufe seines Prozesses intelligenter wurde – und ihn das fast sein Leben gekostet hat. Sibylle Anderl schließlich widmet sich dem *Dunning-Kruger-Effekt*, also der immer wieder zu machenden Erfahrung, dass sich die Inkompetenten überschätzen, während die Intelligenten unter Selbstzweifeln leiden.

Zwei Beiträge verdienen besondere Aufmerksamkeit: In der Reihe *Kursbuch Classics* präsentieren wir den Beitrag »METH – EMETH« von Wolfgang Coy. Dieser Nachdruck aus dem *Kursbuch 75* von 1984 nähert sich der *künstlichen Intelligenz* über die jüdische *Golem*-Legende. Coy schreibt am Ende: »Die Literatur hat die eine Seite des Golem-Mythos, den Bogen von Wahrheit zum Tod durchlaufen. Offen bleibt die Frage, ob die Wissenschaft einen anderen Weg findet und sich des uneingelösten Versprechens der Befreiung besinnt. Dann wäre der Golem erlöst.« Aktueller kann man kaum fragen.

Der Beitrag von Natalie Sontopski ist der zweite Beitrag, der aus unserem *Call for Papers* für jüngere Autorinnen und Autoren stammt. Sontopski fragt sich, ob und wie sich Strukturen sozialer Ungleichheit, zum Beispiel geschlechtliche Ungleichheit, in der KI fortpflanzen wird – und wie das vermieden werden kann.

Besonders freuen wir uns über die Bienenwelt von Bettina Thierig und Dorothea Brückner. Die Erste ist Bildhauerin, die Zweite Bienenwissenschaftlerin. Sie haben sich entschieden, gemeinsam die Welt der Bienen zu erkunden – die eine eher künstlerisch und ästhetisch, die andere als Wissenschaftlerin und Forscherin. Sie entdecken und präsentieren eine komplexe Welt, einen *Superorganismus* mit unterschiedlichsten Facetten, die auch in den Honigfotografien von Michael Haydn einen beredten bebilderten Ausdruck finden. Intelligenz findet sich hier auf allen Ebenen – in der Intelligenz der natürlichen Evolution, in der Intelligenz des Zusammenspiels von Natur und Kultur mit der Biene als einer natürlichen Repräsentantin menschlicher Kulturgeschichte, vor allem aber in der Kombination dieser beiden Frauen.

Vielleicht ist das die Parabel auf Intelligenz, die sich durch dieses gesamte *Kursbuch* zieht: Intelligent wird es dann, wenn Dinge zusammenkommen, die nicht auf den ersten Blick zusammengehören: Natur und Kultur, Menschen, die man zunächst nicht gemeinsam vermutet, Problemlösungen und ihre Kontexte, der Wille, etwas anders zu machen, und die Welt, die sich dem anderen gegenüber gerne widerständiger zeigt, als wir es erwarten. Eine Wissenschaftlerin und eine Künstlerin, die gemeinsam an einem Projekt arbeiten, und das an einem intelligenten Ort, nämlich dem Hanse Wissenschaftskolleg in Delmenhorst, das sich auf die Fahne geschrieben hat, Unterschiedliches, Differentes, Interdisziplinäres zusammenzuführen – besser lässt sich ein intelligentes Setting nicht symbolisieren. Schauen Sie auf die Bienen – Sie werden mehr sehen als das, jenseits aller Naturromantik und billiger Ästhetisierung. Vielleicht ist Intelligenz tatsächlich auch schön.

Mit diesem *Kursbuch* beginnt Peter Felixberger seine Kolumne »FLXX. Schlussleuchten von und mit Peter Felixberger«. Aus seiner Selbstanzeige in dieser ersten Kolumne erfahren wir: Peter irrlichtert – aber bewusst. Das ist intelligent, weil es Gegensätze zusammenführt. Irrlichtern kann jeder Gschaftlhuber – aber bewusst, das ist hohe Kunst.

Weiterhin sagt er: »Diese Kolumne feiert die Ahnungslosen, entlarvt die Bodenlosen und kokettiert mit den Zweifellosen.« Die große Herausforderung für Leserinnen und Leser wird sein, wer sich unter welchem Label wiederfindet. Diesmal beginnt die Kolumne mit *künstlicher Intelligenz.*

Wir freuen uns, dass Elin Nesje Vestli den Brief einer Leserin übernimmt. Aufmerksam geworden sind wir auf sie, als sie auf Twitter bemerkte, dass unsere Titelformulierung für das *Kursbuch 198, Heimatt*, die wir auf Ermattung zurückgeführt haben, im Norwegischen tatsächlich eine ganz andere Bedeutung hat. Vielen Dank für diesen Hinweis – und den 26. Brief einer Leserin.

Es ist uns gelungen, ein *Kursbuch* über Intelligenz ganz ohne *Gscheithaferl* und noch weniger *Gschaftlhuberei* zu machen. Hoffen wir wenigstens mit einigem Selbstzweifel, denn die Intelligenten neigen ja nicht zur Selbstüberschätzung, sondern zu Selbstzweifeln, wie wir von Sibylle Anderl gelernt haben.

Elin Nesje Vestli

Brief einer Leserin (26)

Über das *Kursbuch* bin ich Ende der 1980er-Jahre im wahrsten Sinne des Wortes gestolpert. Als Germanistikstudentin an der Universität Oslo fand ich in einem Kellerarchiv durch Zufall alte Jahrgänge und fing im Stehen – gelockt von den charakteristischen Covern – zu lesen an. Der Zufallsfund regte damals mein Interesse für die politische Literatur der 1960er-Jahre. Seitdem bin ich *Kursbuch*-Leserin, wenn auch – zugegeben – nur sporadisch. Vor ein paar Wochen bin ich über Maxim Billers Erzählung »Max in Palästina« aus *Kursbuch 198* gestolpert und gleich hängen geblieben. Meine Begeisterung über den Text habe ich sofort auf Twitter kundgegeben. Darauf ist, wie es auf Twitter nun einmal funktioniert, ein anderer Twitterer eingegangen und hat den spielerischen Titel »Heimatt« mit einem Zwinkern als Tippfehler moniert. Das Wortspiel Heimat – Heimatt ist mir erst dann, peinlich spät, aufgefallen. Zuerst habe ich jedoch nicht an Ermattungserscheinungen gedacht, sondern spontan norwegisch gelesen. Wohl kaum vom *Kursbuch* beabsichtigt (nicht einmal in der *Kursbuch*-Redaktion sind, nehme ich an, Norwegischkenntnisse sehr verbreitet), aber »Heimatt« ist tatsächlich ein norwegisches Wort. Um genau zu sein: ein neunorwegisches Wort. Norwegen ist mit drei offiziellen Schriftsprachen gesegnet: Mit den beiden Standardvarianten »bokmål« (»Buchsprache«, aus dem Dänischen entstanden, das lange Verwaltungssprache war) und »nynorsk« (»Neunorwegisch«, Mitte des 19. Jahrhunderts vom Sprachwissenschaftler Ivar Aasen entwickelt), dazu kommt Samisch. Auch davon ausgehend könnte man nun lange über Heimat mit einem und zwei »t« nachdenken. Das norwegische »heimatt« beziehungsweise »heim« ist der deutschen Heimat natürlich etymologisch verwandt, schließt aber eine Rückkehr mit ein: Wenn man nach Hause zurückgekehrt ist, ist man »heimattkomen«. Man ist nicht nur »heime« (oder »hjemme«, wenn man »bokmål« schreibt), also zu Hause beziehungsweise daheim, sondern nochmals heimgekehrt, aus welchem Grund auch immer. Matt, mit zweimal »t«, kann man übrigens auch auf Norwegisch sein. Auch wegen zu viel Heimat.

Weder als Leserin noch als Germanistin fühle ich mich jedoch durch ein sehr Viel an Heimat ermattet. Ich finde die vielfältigen literarischen Heimatdiskurse anregend, etwa vor dem Hintergrund der herkömmlichen Heimatdichtung und deren Überwindung. So reanimieren die deutschen Bestsellerautorinnen Juli Zeh (*Unterleuten*, 2016) und Dörte Hansen (*Altes Land*, 2015, und *Mittagsstunde*, 2018) den Dorfroman, ohne sich jedoch verstaubter Erzählmuster und Klischees zu bedienen. Sie entzaubern unsere Vorstellungen von provinzieller Idylle und legen die strukturellen Gesellschaftsänderungen und deren Folgen für die geografischen Randgebiete bloß. In der österreichischen Literatur hat nicht nur die Überwindung der traditionellen Heimatliteratur, sondern die Abkehr, geradezu die demonstrative Demontage derselben nach wie vor Konjunktur, auch nach der Ära von Thomas Bernhard. Die 1975 in Burgenland geborene Petra Piuk etwa entblößt in *Toni und Moni oder: Anleitung zum Heimatroman* (2017) nicht nur Klischees von heiler Familie, glücklichen Liebesbeziehungen und naturverbundenem Leben in der Provinz, sondern seziert durch eine poetologische Metaebene die herkömmliche Gattung und deren ideologische Grundlage. Ihre Absage geht mit einer krassen Abrechnung mit dem Sexismus einher, geschult an Elfriede Jelinek und Marlene Streeruwitz. Mit *Toni der Hüttenwirt*, einer Heftromanserie, die seit 2004 die Herzen höherschlagen lässt, hat ihr Roman nur den Vornamen gemeinsam.

Doch ging meiner *Kursbuch*-Heimat(t)-Lektüre keine Suche nach österreichischer Heimatverdammung voraus; die Lektüre verdanke ich Maxim Biller und seiner eigens für das *Kursbuch* verfassten Erzählung über Max Brods Ankunft in Palästina mit Kafkas Manuskripten in einem Koffer. So könnte diese Ankunft gewesen sein, aber bei Biller ist immer Vorsicht geboten, und die Erzählung ist zum Teil auch kontrafaktisch, denn Brod hat ja nicht Kafkas Nachlass ins Hafenwasser geschmissen. Was allerdings höchstwahrscheinlich der Wahrheit entspricht, und da blitzt das Heimat(t)-Thema wieder auf: »[S]ein neues, fremdes Zuhause« verunsichert Brod, hinzu kommt seine Angst vor der neuen Sprache.

Maxim Biller gehört zu den Autoren, die »in den deutschen Sprachraum eingewandert« sind, wie die Autorin und Übersetzerin Ilma Rakusa den umstrittenen Begriff Migrationsliteratur umschreibt. Biller hat dazu beigetragen, dass aus der deutschsprachigen Literatur – die er 1991 als genauso sinnlich wie den Stadtplan von Kiel charakterisiert hat – eine postnationale Literatur geworden ist. Durch die Werke von Autorinnen und Autoren mit einer anderen Erstsprache als Deutsch hat der literarische Heimatdiskurs eine neue Dimension und Aktualität gewonnen. Durch ihre Texte und ihre poetologischen Standortbestimmungen werden alte Ordnungsmuster hinterfragt, herkömmliche Zuordnungen wie Nationalität, Muttersprache, Herkunft und Heimat kritisch durchleuchtet, transitäre Erfahrungen und Grenzüberschreitungen exploriert. Ein aktuelles Beispiel ist Saša Stanišić. Mit seinem neuen, fulminanten Roman *Herkunft* (2019) legt er die Latte hoch; um diesen Roman wird man nicht umhinkommen, wenn man sich zukünftig über den Heimatdiskurs in der neuen deutschsprachigen Literatur beschäftigt.

Heimat ist nicht lediglich ein bestimmter Ort, sondern auch eine Erfahrung. In *Sechs Koffer* zitiert Maxim Biller aus Brechts *Flüchtlingsgespräche*: »Der Pass ist der edelste Teil von einem Menschen.« Diese Erfahrung teilt Vladimir Vertlib, 1966 in einer russisch-jüdischen Familie in Leningrad geboren, nach einer zehnjährigen Odyssee seit 1981 in Österreich. »Meine schriftstellerische Heimat ist der Grenzbereich, die Gleichzeitigkeit und das Nebeneinander«, so formuliert es Vertlib in seinen Poetikvorlesungen *Spiegel im fremden Wort* (2008). Damit verweist er auf eigene Erfahrungen, die er in seiner Literatur in eine Grunderfahrung von Entwurzelung, biografischen Brüchen und Migration transformiert, etwa in seinem großartigen Roman *Das besondere Gedächtnis der Rosa Masur* (2001). Auch Julya Rabinowich, Jahrgang 1970, wie Vertlib aus einer russisch-jüdischen Familie in Leningrad stammend, seit 1977 in Wien, thematisiert in ihrem Werk Migrationserfahrungen und

Sprachwechsel und nuanciert dadurch den Heimatbegriff. »Ich bin nicht daheim«, sagt die Ich-Erzählerin in ihrem Debüt *Spaltkopf* (2008), aber: »Ich bin angekommen.« Diese Beschreibung macht die Autorin sich in einem Interview zu eigen. Sie charakterisiert sich selbst als »entwurzelt und umgetopft«; in der deutschen Sprache aber, da sei sie vollkommen zu Hause.

Zurück zur norwegischen Sprache, mit der sich dann vielleicht der Kreis zum aktuellen *Kursbuch 199* und den unglaublichen Intelligenzen, die uns Sprache oftmals offenbart, schließt. Das norwegische »heimatt« kann Bedürfnis, aber auch Unwille sein, nochmals heimzukehren. Denn die Heimkehr »heimatt« ist nicht immer freiwillig, sondern wird manchmal durch Erwartungen und Verpflichtungen erzwungen. Auch davon, von der widerstrebenden Heimkehr oder sogar von der Verzweiflung, die Heimat nicht verlassen zu dürfen, sondern in der verhassten engen Provinz (und Norwegen ist an Provinz reich) bleiben zu müssen, zeugt die Literatur. Einer der berühmtesten Sätze der norwegischen Literatur stammt aus dem Roman *Das große Spiel* (1934) von Tarjei Vesaas. Für den ältesten Sohn wird hier der väterliche Bauernhof, noch dazu mit dem sprechenden Namen »Bufast« (sesshaft), zum Gefängnis. Der Satz seines Vaters »Du sollst auf Bufast bis zum Ende deiner Tage bleiben« verspricht weder Zugehörigkeit noch Geborgenheit, sondern kommt einer Drohung gleich.

Sibylle Anderl

Kampf der Egos

Von der Selbstüberschätzung der Inkompetenten und den Selbstzweifeln der Leistungsträger

Dass Sokrates wohl eine rechte Nervensäge gewesen sein muss, ist allgemein bekannt. Die genauen Gründe dafür kann man in Platons berühmter Apologie nachlesen. Demnach hatte Sokrates' langjähriger Freund Chairephon das Orakel von Delphi darüber befragt, wer der weiseste Mann sei, und als Antwort »Sokrates« erhalten. Sokrates selbst war von dieser Aussage, die ernst zu nehmen schon allein der Respekt vor dem Orakel verlangte, offenbar einigermaßen verwirrt und machte sich auf, sie empirisch zu falsifizieren. Auf der Suche nach Personen, deren Weisheit sein eigenes Wissen überragen würde, fand er unter Politikern, Dichtern und Künstlern allerdings viel Selbstüberschätzung und wenig wirkliche Weisheit. So beschreibt er eine Begegnung mit einem Staatsmann: »Im Gespräch mit ihm schien mir dieser Mann zwar vielen andern Menschen auch, am meisten aber sich selbst sehr weise vorzukommen, es zu sein aber gar nicht. Darauf nun versuchte ich ihm zu zeigen, er glaubte zwar weise zu sein, wäre es aber nicht; wodurch ich dann ihm selbst verhaßt ward und vielen der Anwesenden.«[1]

Für Sokrates endete die Enttarnung zahlreicher Pseudowissender letztendlich tödlich. Noch heute macht man sich mit dem Aufdecken der Wissenslücken anderer wenig Freunde. Anders als Sokrates vor knapp 2500 Jahren haben wir heute aber einen psychologischen Begriff für die Selbstüberschätzung der Unwissenden: die Psychologen Justin Kruger und David Dunning beschrieben 1999, dass Inkompetenz nicht nur direkt in Form fehlerhafter Schlüsse und ungünstiger Entscheidungen sichtbar wird, sondern sich darüber hinaus – und fatalerweise – so auswirkt, dass eigene Begrenztheiten nicht erkannt werden können. Entsprechend führe Inkompetenz damit zur systematischen Überschätzung der eigenen Kompetenzen. Solch fehlerhafter Selbsteinschätzung kann aber immerhin durch Weiterbildung abgeholfen werden: »Paradoxerweise konnte den Teilnehmern durch die Verbesserung ihrer Fähigkeiten und der damit verbundenen Stärkung ihrer metakognitiven Kompetenzen geholfen werden, die Limitierungen ihrer Fähigkeiten zu erkennen«, schreiben Kruger und Dunning im Abstract ihres Artikels.[2] Dieses seitdem als »Dunning-Kruger-Effekt« bekannt gewordene Phänomen kann damit als späte empirische Bestätigung des Orakels von Delphi gelesen werden: Zu wissen, wie wenig man weiß, setzt bereits einige Weisheit voraus.

Doch nicht nur in Feldern eigener Inkompetenz fällt zutreffende Selbsteinschätzung schwer. Ein anderer psychologischer Effekt, der 1978 erstmalig von Pauline Clance und Suzanne Imes im Kontext der Eigenwahrnehmung erfolgreicher Frauen beschrieben wurde,[3] kann zumindest oberflächlich als ein gegenläufiges Phänomen zum Dunning-Kruger-Effekt verstanden werden: Das »Hochstapler-Syndrom« (englisch: »impostor syndrome«) betrifft gerade die besonders Kompetenten, die aber in quälendem Maße an ihren eigenen Fähigkeiten zweifeln. Dabei leiden sie massiv unter der Vorstellung, sie würden mit vorgetäuschter Kompetenz, gewissermaßen als Hochstapler, ihr Umfeld in die Irre führen – und müssten jederzeit mit der Enttarnung rechnen.

Es gibt also einerseits inkompetente Menschen mit gigantischem Ego, die andererseits auf kompetente Menschen mit massiven Selbstzweifeln treffen – die Folgen solcher Konstellationen lassen sich täglich im Alltag und auf vielen gesellschaftlichen Ebenen verfolgen. Was aber steckt hinter dem Dunning-Kruger-Effekt und dem Hochstapler-Syndrom? Worauf beruhen sie? Wo liegen Grenzen und Missverständnisse dieser psychologischen Konzepte? Es lohnt sich, einen genaueren Blick auf diese Phänomene zu werfen und schließlich zu fragen, inwiefern sie gerade heute für uns von Relevanz sind.

Das Problem der Selbstwahrnehmung

Das psychologische Problem der Selbsteinschätzung ist letztendlich eng mit dem philosophischen Problem der Selbstwahrnehmung verzahnt. Seit René Descartes ist in der Philosophie die Sicht verbreitet, dass dem Wissen über unsere eigenen inneren Zustände ein Sonderstatus zukommt. Wir scheinen in Bezug auf unser Innenleben einen privilegierten Zugang zu besitzen: Keiner sollte besser über uns, unser Wissen, unsere Überzeugungen, Wahrnehmungen und Empfindungen Bescheid wissen als wir selbst. Zumindest auf den ersten Blick würden wir außerdem behaupten wollen, dass dieses Wissen über uns selbst einen besonders hohen Grad der Sicherheit aufweist. Insbesondere bei Empfindungen wie Schmerz ist dies evident: Darüber, dass wir Schmerz empfinden, können wir uns normalerweise nicht irren. Diese Form der Unfehlbarkeit gilt gleichwohl keineswegs für all unsere mentalen Zustände.

Oft sind wir in Bezug auf uns selbst in einer Situation, die vergleichbar ist mit unserem Bemühen, andere zu verstehen: Wir stützen uns in behavioristischer Manier auf äußere Anzeichen und Hinweise, die prinzipiell auch anderen zugänglich sind. Im Extremfall benötigen wir sogar die Sicht von außen, um zu einem zutreffenden Bild von uns selbst zu gelangen. So zeigt unser eigenes Verhalten manchmal andere Überzeugungen, andere Wünsche an als die, die wir selbst eigentlich angenommen hätten (Therapeuten und Coaches leben davon, uns dies sehen zu helfen). Gleichzeitig formt die Beobachtung anderer Menschen und deren Reaktion auf unser Verhalten maßgeblich unsere Selbsteinschätzung.

Dies ist insbesondere dann der Fall, wenn es um eine Einschätzung der eigenen Kompetenz geht. Hier gibt es keinen privilegierten, direkten Weg per Innensicht, um die Falschheit oder Korrektheit unserer Urteile und Entscheidungen zu erkennen. Stattdessen greifen wir auf andere Strategien zurück, deren grundlegende Mechanismen in zahlreichen psychologischen Studien enthüllt werden konnten. So sind wir selbstbewusster, wenn wir schnell zu einer Antwort gelangen. Auch die Vertrautheit mit dem Themenfeld stärkt unser Vertrauen in unsere Urteile. Wenn unsere Antwort auf einer allgemeinen Regel beruht, vergrößert das unsere Sicherheit – und zwar unabhängig davon, dass ein systematisches Vorgehen gleichzeitig mit einem gewissen Risiko behaftet ist. Denn nicht selten führen uns bekannte rationale Prinzipien auch in die Irre, wenn wir sie jenseits ihrer Geltungsgrenzen anwenden.

Schließlich ist unsere Selbsteinschätzung in hohem Maße von eigenen Vorurteilen über die eigenen Fähigkeiten durchwirkt. Die Wirkungsrichtung ist hierbei »top-down«: Wenn wir der Meinung sind, in bestimmten Bereichen besonders gut oder schlecht zu sein, bestimmen die resultierenden Erwartungen entscheidend unser Vertrauen in unsere Performance in diesen Gebieten. So konnte beispielsweise 2003 eine Studie[4] zeigen, dass allein die Art, wie das Themenfeld eines in beiden Fällen identischen Tests beschrieben wurde (»abstraktes Denken« versus »Fähigkeiten der Computerprogrammierung«), zu deutlich unterschiedlichen Einschätzungen des eigenen erwarteten Abschneidens durch die Getesteten führte, während sich die tatsächlichen Ergebnisse in beiden Fällen nur relativ wenig unterschieden. Relevanz besitzt dieser Effekt offensichtlich insbesondere auch dann, wenn bestimmte Bevölkerungsgruppen von Vorurteilen betroffen sind – ein bekanntes Thema ist hier die nach wie vor bestehende Scheu vieler Mädchen vor den MINT-Fächern, in denen sie ihre eigenen Leistungen systematisch schlecht einschätzen. Eine Korrektur dieser höherstufigen Vorurteile durch konkrete Erfahrungen ist dabei relativ schwierig, da die Wahrnehmung der konkreten Leistungen so stark durch die Vorurteile dominiert ist, dass sie nicht zutreffend eingeschätzt werden können.

In der Spanne zwischen vermeintlich bevorzugter Erste-Person-Perspektive und dem Dritte-Person-Zugriff auf das eigene Selbst stehen nun sowohl der Dunning-Kruger-Effekt (DKE) als auch das Hochstapler-Syndrom (HS): Die einen reiben sich daran auf (die vom HS Betroffenen können den konkreten äußeren Anzeichen von eigener Kompetenz vor dem Hintergrund anderslautender Überzeugungen nicht glauben), während andere damit gut leben können (die vom DKE

Betroffenen werden durch das eigene Unwissen und das daraus resultierende Selbstbewusstsein vor der Erkenntnis ihrer Inkompetenz auf der Grundlage äußerer Anzeichen geschützt).

Die Grenzen unseres Wissens

Dass unser Wissen nur eine kleine Insel im riesenhaften Ozean unseres Unwissens ist, ist etwas, das wir vielleicht manchmal erahnen, das wir im Alltag aber doch schnell zu vergessen scheinen. Denn insbesondere, wenn wir als Mitglieder einer wissenschaftsdominierten Gesellschaft unser heutiges Wissen mit demjenigen früherer Generationen kontrastieren, scheint der Schluss naheliegend, dass wir heute sehr viel mehr kennen und verstehen als unsere Vorfahren und an diesem Wissen auch individuell stark partizipieren.[5] Dass dies im Allgemeinen nicht so ist, zeigen Umfragen, die wissenschaftliches Verständnis in der Öffentlichkeit abfragen. Obwohl wir täglich vielfältige Technologien nutzen, sind uns die theoretischen Grundlagen, auf denen sie beruhen, meist weitgehend unbekannt. Wer hat schon eine Vorstellung, welche Prinzipien der Quantentheorie für das Funktionieren unserer Smartphones von Relevanz sind oder wie Einsteins Relativitätstheorie hilft, unsere satellitengesteuerten Navigationssysteme vor kilometergroßen Abweichungen zu bewahren? Selbst scheinbar einfache Grundsätze wie der, dass sich der Mond sehr viel näher an der Erde befindet als die Sonne, wüssten wir allein auf der Grundlage unserer eigenen Himmelsbeobachtungen heute wahrscheinlich nicht so einfach selbst plausibel zu machen. Und dies, obwohl wir jeden auslachen würden, der diese Tatsache anzweifelt. Verbreitetes Unwissen ist aber nicht auf den Bereich der Wissenschaften beschränkt. Arbeitsteilung und Spezialistentum erlauben es im gesamten Spektrum möglicher Themenfelder, mit eigenen, auch drastischen Wissenslücken sehr gut leben zu können.

Diese Wissenslücken benennen zu können, stellt aber keineswegs den Normalfall dar, Meta-Unwissen, Unwissen über das eigene Unwissen, ist sehr viel verbreiteter. Dem zugrunde liegt die Unterscheidung von »known knowns« (bekannte Bekannte – vorliegende Informationen), »known unknowns« (bekannte Unbekannte – bekannte Informationen, die nicht vorliegen) und »unknown unknowns« (unbekannte Unbekannte – relevante Informationen, deren Fehlen nicht bekannt ist), wie der Psychologe David Dunning 2011 in einem Überblicksartikel zum Dunning-Kruger-Effekt ausführt.[6] Die »unknown unknowns« sind dabei diejenigen, von denen in der Praxis die größte Gefahr ausgeht, insbesondere im Kontext von Entscheidungsprozessen: Wenn relevante Faktoren, mögliche bevorstehende Probleme, existierende Risiken, alternative Handlungsoptionen oder bestimmte Folgen der Handlung gar nicht erst in Betracht gezogen werden können, weil sie unbekannt sind, werden die entsprechenden Entscheidungen mit hoher Wahrscheinlichkeit nicht das erhoffte Resultat hervorrufen. In den Ingenieurwissenschaften versucht man explizit, solche »unknown unknowns« durch besonders konservative Anforderungen aufzufangen, beispielsweise indem bei der Konstruktion eines Hauses das Vielfache der für die Stabilität als notwendig ermittelten Menge Betons verwendet wird.

Wie wenig sich Menschen über das Ausmaß ihrer Wissenslücken bewusst sind, zeigt eine Vielzahl von Studien: Testpersonen, die nach der Funktionsweise von Hubschraubern oder Toiletten gefragt werden, behaupten, diese zu kennen, können sie daraufhin aber nicht erklären,[7] Assistenzärzte schätzen ihre Fähigkeiten in der Durchführung bestimmter klinischer Prozeduren sehr viel besser ein, als es der Praxistest zeigt,[8] Teilnehmer an einem Rätseltest unterschätzen die Anzahl möglicher Lösungen für das gestellte Problem dramatisch.[9] Für dieses fehlende Bewusstsein gibt es verschiedene Gründe, und oft haben falsche Überzeugungen auch relativ wenig praktische Konsequenzen. So wird in den sozialen Medien die Aufdeckung verbreiteter »irrelevanter« Fehldeutungen oder Wissenslücken immer wieder mit Begeisterung geteilt: Dass die Sonnenbrillenmarke Ray-Ban nicht nach einem gleichnamigen Menschen benannt wurde, sondern ihren Namen der Produkteigenschaft, Strahlen zu bannen, verdankt, oder dass im Auto an der Tankanzeige durch einen Pfeil die Seite des Tankdeckels angezeigt wird, das sind Informationen, ohne die man gut leben kann, auch wenn man sich im Nachhinein kaum vorstellen kann, wie man sie so lange übersehen haben konnte.

Dazu kommt, dass Menschen offenbar die Tendenz besitzen, zu denken, sie würden über Wissen verfügen, das sie gar nicht besitzen – oder sogar auch gar nicht besitzen können, etwa weil sie sich zu Themen äußern, die es gar nicht gibt.[10] Solch einer Behauptung muss kein Betrugsmotiv zugrunde liegen. Vielmehr neigen wir Menschen dazu, die Antwort auf spezifische Fragen aus den relevant scheinenden Anteilen unseres allgemeinen Wissensschatzes abzuleiten: Die Antwort auf die Frage nach der persönlichen Einstellung gegenüber einer vielleicht gar nicht existierenden Minderheitengruppe würde sich dann beispielsweise aus den allgemeinen Vorurteilen gegenüber Minderheiten und der assoziativen Verortung der Heimatregion jener Gruppe zusammensetzen.[11]

Andersherum heißt das: In Gebieten, in denen kein allgemeines Hintergrundwissen vorliegt, ist man eher bereit, Unwissen zuzugeben. So würden nur wenige Menschen behaupten, sich in der Tieftemperaturphysik auszukennen, sofern dies nicht wirklich der Fall ist. Als Beispiel des anderen Extrems könnten die weltweit in Kneipen zuhauf existierenden Fußballexperten angeführt werden oder auch diejenigen Heimwerker, die nicht davor zurückschrecken, die elektrischen Schaltkreise ihres Zuhauses neu zu verlegen, obwohl dies aus Sicherheitsgründen wenig empfehlenswert ist. David Dunning, der diese Beispiele in seinem Übersichtsartikel 2011 aufführt, bilanziert: »Es gibt eine Schwelle, die erreicht werden muss, damit Menschen unangemessene Expertise behaupten. Sie müssen einige Informationsfragmente besitzen und ein ausreichendes Gerüst von gebietsspezifischem oder allgemeinem Weltwissen, um eine plausible Antwort zusammenzuflicken. Wenn sie dies nicht können, dann werden sie keine unangemessene Behauptung aufstellen.«

Der Dunning-Kruger-Effekt

Im Jahr 1999 führten die Psychologen Justin Kruger und David Dunning, beide tätig am Psychologieinstitut der Cornell University, in einer These verschiedene bis dahin in der Psychologie gemachte Beobachtungen in Bezug auf Inkompetenz, Reflexionsvermögen und Selbsteinschätzung zusammen. In vier Teilthesen ausgedrückt besagt sie:

1. Inkompetente Individuen neigen zur dramatischen Selbstüberschätzung.
2. Inkompetente Individuen besitzen Defizite hinsichtlich ihrer metakognitiven Fähigkeiten und können weder bei sich noch bei anderen Kompetenz zutreffend einschätzen.
3. Inkompetente Individuen können ihre eigene Leistung auf der Grundlage des Vergleichs mit anderen schlechter einschätzen.
4. Inkompetente Individuen können Einsicht in ihre Beschränkungen erlangen, indem sie kompetenter werden.

Unter »Inkompetenz« – ein nicht unwichtiges Detail – verstehen die Psychologen eine graduelle und immer nur auf eingegrenzte Bereiche bezogene Eigenschaft, keine globale Unfähigkeit von Individuen. Vorgängerstudien hatten bereits gezeigt, dass die metakognitiven Fähigkeiten, insbesondere die Fähigkeit, Leistungen einzuschätzen, von Neulingen in einem bestimmten Feld deutlich schlechter sind als diejenigen von Erfahrenen. So können junge Physikstudenten nur schlecht den Schwierigkeitsgrad von Physikproblemen einschätzen. Ob diese Unfähigkeit sich aber in übersteigertem Selbstbewusstsein oder eher übertriebenen Zweifeln ausdrückt, blieb dabei offen. Auf der anderen Seite war bekannt, dass Inkompetente ihre eigenen Fähigkeiten schlecht einschätzen können: Sozial inkompetente Jungen sind sich ihrer fehlenden Kompetenz nicht bewusst, unerfahrene Leser können ihr eigenes Leserverständnis nicht einschätzen. Hier blieb aber offen, ob dies als ein allgemeines Problem fehlender Metakognition einzustufen ist.

Dunning und Kruger präsentierten vier Experimente, in denen sie all diese Hinweise zusammenzubringen versuchten. Sie prüften jeweils die Fähigkeiten von Testpersonen in verschiedenen Gebieten und ließen die Getesteten daraufhin ihr Testergebnis einschätzen. Um außerdem explizit die metakognitiven Fähigkeiten zu berücksichtigen, mussten die Teilnehmer schließlich ihre eigenen Tests und die anderer auf Richtigkeit prüfen. Schließlich versuchten Dunning und Kruger herauszufinden, durch welche Interventionen die Angemessenheit der Selbsteinschätzung verbessert werden kann.

Die ersten beiden Experimente – im ersten war die Bewertung der Qualität von Witzen im Vergleich zu derjenigen von professionellen Comedians gefragt, im zweiten wurde ein Logiktest durchgeführt – zeigten übereinstimmend, dass diejenigen, die im Test am schlechtesten abgeschnitten hatten, sich deutlich besser einschätzten, als das Ergebnis ihres Tests nahelegte. So gingen im ersten Experiment die schlechtesten 25 Prozent, bei denen im Durchschnitt nur zehn Prozent noch schlechter abgeschnitten hatten als sie selbst, davon aus, dass ihr Resultat deutlich besser sein sollte als der Gruppendurchschnitt. Ihre Selbstüberschätzung beruhte nicht nur auf einer falschen Positionierung ihrer Leistung relativ zu den anderen, auch absolut in Bezug auf die Anzahl richtig beantworteter Fragen lagen sie mit ihrer Selbsteinschätzung daneben. Die besten 25 Prozent hingegen schätzten sich schlechter ein, als ihr tatsächliches Testergebnis war. Allerdings fiel ihre Selbstunterschätzung deutlich moderater aus als die Selbstüberschätzung der Gruppenschwächsten.

Im dritten Experiment ging es um englische Grammatik. Die Ergebnisse dieses Tests hinsichtlich der Selbstüberschätzung der Teilnehmer stimmten mit denen der ersten beiden Experimente überein. Nun wurden aber auch die metakognitiven Fähigkeiten explizit getestet: Die Testpersonen wurden nach einigen Wochen erneut einbestellt, um jeweils die Tests von fünf anderen Teilnehmern zu bewerten. Tatsächlich taten sich die Schwächsten sehr schwer, die Kompetenz ihrer Mitstreiter zu erkennen. Entsprechend führte die Demonstration der Leistungen der anderen auch zu keiner Revision der eigenen überhöhten Selbsteinschätzung. Bei den erfolgreichen Testabsolventen war dies anders: Nachdem sie die Tests der anderen gesehen hatten, schätzten sie selbst sich besser und damit zutreffender ein als vorher. Dunning und Kruger schließen daraus, dass die Selbstunterschätzung der Kompetenten weniger auf einer Fehleinschätzung der eigenen Leistungen beruht als vielmehr auf einer Überschätzung der anderen. In der Psychologie wird dies als »Falscher-Konsens-Effekt« bezeichnet: Man schließt von der eigenen Kompetenz fälschlicherweise auf die Kompetenz anderer.

Das vierte Experiment beantwortete schließlich die Frage nach möglichen Mitteln gegen Selbstüberschätzung. Zunächst wurden die Testperson auf ihr logisches Verständnis getestet, bevor ihnen ein Logiktraining zuteilwurde, das im Ergebnis zeigte, dass, sobald sich dadurch die Kompetenz vergrößert hatte, es auch mit der Selbsteinschätzung besser klappte – ein Effekt, den Dunning und Kruger als Paradox beschreiben: »Sobald sie die metakognitiven Fähigkeiten erlangt hatten, um ihre eigene Inkompetenz zu erkennen, waren sie nicht länger inkompetent.«[12]

Wie kann es aber sein, dass die Inkompetenz der Getesteten in täglich relevanten Themenfeldern wie Logik oder Grammatik offenbar nie deutlich zurückgemeldet wurde? Nach Dunning und Kruger liegt der Grund darin, dass negatives Feedback zu Fähigkeiten im Alltag generell eher selten stattfindet und zudem erst einmal richtig interpretiert werden muss. Es gebe, so die Psychologen, grundsätzlich eben immer auch andere Erklärungsmöglichkeiten für das eigene Scheitern als die eigene Inkompetenz. Dabei schätzen Dunning und Kruger die Unfähigkeit, sich und die eigene Kompetenz mit anderen zu vergleichen und daraus die richtigen Schlüsse zu ziehen, als am folgenreichsten ein. Wer Kompetenz bei anderen nicht erkennt, der wird einen Mangel auch bei sich selbst nicht sehen können.

Überschätzung des Effekts?

Sich mit der Frage der Grenzen von eigener Kompetenz zu befassen, ist logischerweise ein riskantes Unterfangen. Deshalb räumen Dunning und Kruger am Ende ihres Artikels mit einem Augenzwinkern auch ein, sie seien zwar der Meinung, kompetente Arbeit geleistet zu haben, würden aber die Sorge nicht los, dass sie trotzdem methodische und kommunikative Fehler enthalten könne. Also führten sie selbst und auch andere in den folgenden Jahren weitere ergänzende Untersuchungen zu anderen Kompetenzen mit anderen experimentellen Set-ups durch. Ihre Resultate konnten immer bestätigt werden. Dennoch blieben auch Einwände, hauptsächlich in Form alternativer Interpretationen der experimentellen Daten, im Raum, auf die David Dunning 2011 im Detail eingeht.

Die naheliegendste Kritik führt die Beobachtungen auf reine Statistik zurück. Die »Regression zur Mitte« bezeichnet den Effekt, dass auf extreme Messwerte im nächsten Messdurchgang ein Wert folgt, der näher am Mittelwert liegt, sofern die Messungen nicht vollständig korreliert sind. Vereinfacht am Beispiel erklärt: Die Gruppe derjenigen Testpersonen, die im Test besonders schlecht abschneiden, besteht aus nur wenigen wirklich Inkompetenten und zu einem großen Teil aus solchen, die einfach einen schlechten Tag und deswegen schlechtere Ergebnisse erzielt hatten. Zusammen mit der für alle geltenden Tendenz, sich besser einzuschätzen, wird diese Gruppe sich daher sehr viel stärker relativ zu ihrem Testergebnis überschätzen als die Gruppe mit mittleren Testergebnissen, zu der auch Mitglieder zählen, die einen besonders guten Tag und damit gute Testergebnisse erwischt haben. Dunning kontert diese Kritik 2011 durch den Hinweis, dass solche Messfehler – den Einfluss des »guten oder schlechten Tages« – quantifizierbar sind und der Dunning-Kruger-Effekt selbst dann noch sichtbar ist, wenn man sie berücksichtigt.

Andere Kritiker vermuten, dass es mathematische Defizite bei den Inkompetenten sind, welche die Genauigkeit ihrer im Test auf Prozentzahlen beruhenden Einschätzung der eigenen Leistung relativ zu anderen vermindert – allerdings ist der Dunning-Kruger-Effekt auch sichtbar, wenn die eigenen Leistungen absolut geschätzt werden sollen.[13] Oder es wird angenommen, dass den Testpersonen ein wirklicher Anreiz fehlte, um sich im Test anzustrengen – der Effekt blieb aber auch beobachtbar, wenn den Testpersonen Geld als Anreiz für gute Leistungen geboten wurde. Es ist wohl unstrittig, dass die von Dunning und Kruger durchgeführten Experimente von einer Vielzahl auch unbekannter Faktoren beeinflusst wurden und ihre Interpretation einige Sorgfalt erfordert. Grundlegend konnte diese Interpretation bislang aber nicht entkräftet werden, obwohl einige Fragen offengeblieben sind: Wie verhält sich gebietsspezifische Inkompetenz zu globaleren Formen der Inkompetenz? Gibt es allgemeinere Faktoren, intellektuelle oder praktische Kompetenzen, die festlegen, wie gut Menschen sich selbst einschätzen können? Welchen Einfluss hat das psychologische Motiv, den eigenen Selbstwert zu verteidigen? Welchen Einfluss hat Narzissmus? Und hat die Selbstüberschätzung der Inkompetenten nicht auch positive Konsequenzen, zum Beispiel einen besonders hohen Grad an Zuversicht und Tatendrang, wenn es um die Umsetzung von Plänen geht?

Die Selbstzweifel der Kompetenten

Dass Selbstüberschätzung eine durchaus erstrebenswerte Eigenschaft sein kann, würde wohl die Mehrzahl der überdurchschnittlich Kompetenten, die an quälenden Selbstzweifeln leiden, sofort unterschreiben. Dieses in den vergangenen zehn bis 15 Jahren unter Wissenschaftlern unter der Bezeichnung »Hochstapler-Syndrom« zunehmend intensiv diskutierte Phänomen ist durch die Unfähigkeit gekennzeichnet, Erfolgserlebnisse angemessen zu internalisieren. Das eigene Selbstbild ist gegenüber positiver Bestärkung gleichsam immun. Stattdessen sind die Betroffenen überzeugt, dass ihre Fähigkeiten durch ihr Umfeld überschätzt werden und früher oder später die Enttarnung ihrer Inkompetenz droht.

Erstmalig wurde dieses Syndrom – auch wenn es kein Syndrom im medizinischen Sinne ist – 1978 von den klinischen Psychologinnen Pauline Clance und Suzanne Imes an der Georgia State University beschrieben. Ihre Studie beruhte auf der psychotherapeutischen Arbeit mit mehr als 150 beruflich erfolgreichen Frauen. In ihrem Abstract schreiben die Wissenschaftlerinnen: »Trotz herausragender akademischer und beruflicher Erfolge bestehen Frauen, die unter dem Hochstapler-Phänomen leiden, auf ihrer Überzeugung, dass sie in Wirklichkeit nicht schlau sind und alle, die anderer Meinung sind, betrogen haben. Zahlreiche Erfolge, von denen man erwarten würde, dass sie objektive Anzeichen einer außergewöhnlichen intellektuellen Arbeitsweise liefern, scheinen keine Auswirkungen auf die Hochstapler-Überzeugung zu haben.«[14] Letzteres läge beispielsweise daran, dass Erfolge auf andere Faktoren wie Glück, falsche Benotung oder fehlgeleitete Urteile von Professoren statt auf die eigene Kompetenz zurückgeführt würden. Das negative Selbstbild wird so immun gegenüber externer Evidenz. Gute Leistungen werden als Zufall oder Resultat überdurchschnittlicher Anstrengung eingeordnet, schlechte als Bestätigung der Überzeugung der eigenen Beschränkungen. Als klinische Symptome beschreiben Clance und Imes Angstzustände, mangelndes Selbstbewusstsein, Depression und Frustration.

Auf der Suche nach möglichen Ursachen vermuten die Psychologinnen familiäre Hintergründe. Die von ihnen studierten Frauen ließen sich demnach in zwei Gruppen aufteilen: Frauen der ersten Gruppe hätten ein Geschwisterkind oder engen Verwandten, dem das Attribut des »Intelligenten« zugeschrieben worden sei, wohingegen sie selbst als »die Soziale« behandelt worden seien. Beim Versuch, dieses Label durch Leistungen abzuschütteln und von der Familie ebenfalls als intelligent anerkannt zu werden, gerieten sie in den erlebten Widerspruch von Eigenwahrnehmung und Fremdsicht, der schließlich im Hochstapler-Syndrom resultierte. Die zweite Gruppe von Frauen wurde in dem Glauben erzogen, sie seien in jeder Hinsicht besser als andere und könnten alles erreichen, wenn sie es nur wollten. Dies widerspricht aber der kindlichen Erfahrung, dass das Erreichen mancher Ziele durchaus mit Schwierigkeiten verbunden ist. Da das Lob der Eltern von den realen Leistungen entkoppelt scheint und echte Intelligenz als »Perfektion mit Leichtigkeit« interpretiert wird, beginnen von Feedback nicht mehr korrigierbare Selbstzweifel. Diese initialen Selbstzweifel würden dann, laut Clance und Imes, durch gesellschaftliche Stereotype wie die der angeblich geringeren intellektuellen Fähigkeiten von Frauen verstärkt. Das Beweisen der eigenen Fähigkeiten wird so zu einem Kampf sowohl gegen das eigene Selbstbild als auch gegen die Vorurteile der Gesellschaft.

Clance und Imes beschreiben in ihrer Studie, dass das Hochstapler-Syndrom selbstverstärkendes Verhalten verschiedener Art hervorruft. Manche Frauen arbeiten besonders hart und haben daraufhin Angst, dass jedes Nachlassen, jedes wachsende Selbstbewusstsein sofort zu schlechten Leistungen und ihrer Enttarnung führt. Andere entwickeln ein besonderes Talent darin, genau die Leistungen zu bringen, die Meinungen zu vertreten, die von ihnen erwartet werden – und leiden daraufhin unter ihrer fehlenden Authentizität. Wieder andere suchen Bestätigung von Mentoren, die ihre Intelligenz bestätigen können, setzen dabei aber auch Charme, Humor, Einfühlungsvermögen und körperliche Attraktivität ein, sodass ihnen positive Rückmeldungen schließlich nicht als auf ihrer Intelligenz, sondern nur auf zwischenmenschlicher Anziehung beruhend erscheinen. Als Therapie empfehlen die Psychologinnen die Kombination verschiedener Methoden: Gruppentherapie, wöchentliche Hausaufgaben mit dem Ziel der Einstellungsänderung, Sammlung positiver Rückmeldungen, Rollenspiele oder Übungen, unpopuläre Meinungen zu vertreten und den eigenen Charme nicht einzusetzen.

Nachfolgende Studien, in denen nicht nur der Einfluss des Umfeldes, sondern auch die Bedeutung der eigenen Charaktereigenschaften für das HS untersucht wurde, konnten zeigen, dass das Problem nicht nur Frauen, sondern auch Männer betrifft, und zwar in verschiedensten Bereichen. Im Jahr 2015 betrachteten Psychologen der Universität Antwerpen Anzeichen von HS in einer Gruppe von mehr als 200 Angestellten und verglichen diese mit den Ergebnissen von Persönlichkeitstests.[15] Dabei fanden sie heraus: Vom HS Betroffene zeigen im Big-Five-Test erhöhte Werte von Neurotizismus und exzessivem Perfektionismus. Außerdem sind Angestellte mit HS in ihrem Job unzufrieden, beteiligen sich weniger an Aktivitäten, die der Firma zugutekommen, zeigen aber gleichzeitig eine geringe Bereitschaft zu einem Wechsel des Arbeitgebers, weil ein solcher als zu anstrengend eingeschätzt wird.

Während die Erforschung des HS im Firmenkontext noch am Anfang steht, hat sie an den Universitäten und Forschungseinrichtungen, wo insbesondere unter Nachwuchswissenschaftlern ein extremer Konkurrenzdruck herrscht und hohe Anforderungen an das individuelle Leistungsprofil gestellt werden, eine große Prominenz erlangt. Immer wieder offenbaren auch hoch ausgezeichnete Wissenschaftler ihre Selbstzweifel. Dass diese Selbstzweifel einen negativen Effekt auf Karrierewege ausüben, ist dabei wenig kontrovers. Betroffene veröffentlichen weniger Forschungsergebnisse, da ihr Perfektionismus sie zu immer neuen Überarbeitungen ihrer Artikel zwingt, schlagen berufliche Chancen aus, weil sie sich noch nicht bereit fühlen, und leiden unter Symptomen wie Depressionen oder Angstzuständen. Viele Universitäten bieten heute entsprechende psychologische Anlaufstellen an, im Internet findet sich eine große Zahl von Erfahrungsberichten und Therapieempfehlungen. Fast jeder zweite Student scheint Anzeichen von HS zu zeigen.[16] Die Zeitschrift *Nature* zitierte 2016 den Planetologen und HS-Betroffenen Moses Milazzo mit der Einschätzung, dass das Hochstapler-Syndrom auf nahezu alle Wissenschaftler zutreffe, zumindest auf diejenigen, die ein genügend ausgeprägtes Bewusstsein darüber besäßen, dass sie nicht alles wissen.[17] Dieser Aspekt erinnert an die Interpretation des Auseinanderklaffens von tatsächlicher Leistung und eigener Einschätzung, wie sie von Dunning und Kruger vorgestellt wurde: Die Beschränktheit der eigenen Kompetenz sehen zu können, setzt bereits einige Kompetenz voraus. Dennoch erschöpft sich das HS nicht im DKE, wo die Selbstunterschätzung der Kompetenten als Überschätzung der anderen gedeutet wird. Dies mag für Betroffene des HS zwar eine Rolle spielen, ist aber nur ein Teil des Problems.

Für beide Phänomene, die Selbstüberschätzung der Inkompetenten sowie die Selbstzweifel der Leistungsträger, lassen sich im Alltag zahlreiche Beispiele finden. DKE und HS erzeugen entsprechend im öffentlichen Diskurs hohe Aufmerksamkeit, sei es in Blogs oder den sozialen Medien. Häufige Fehlanwendungen der Terminologie sind dabei wenig überraschend: Über die Dummheit der anderen herzuziehen ist nur allzu verlockend, genauso, wie mit den eigenen ungerechtfertigten (vermeintlichen?) Selbstzweifeln vor dem Hintergrund eigentlicher (für sich beanspruchter?) Genialität zu kokettieren.

Beide Effekte erleben aber sicher auch deshalb grade heute eine so starke Resonanz, weil aktuelle gesellschaftliche Entwicklungen sie zu befördern scheinen: Auf der politischen Bühne werden wir immer häufiger Zeuge steiler Karrieren von Politikern, deren Erfolg sich nicht durch politisch relevante inhaltliche Kompetenzen begründet, sondern durch ein fast grotesk überhöhtes Selbstbewusstsein. Die vollständige Entkoppelung von externer Evidenz und internalisierter Selbstsicht wird heute von einer wachsenden Zahl prominenter Politiker eindrucksvoll demonstriert, indem Misserfolge, Peinlichkeiten und intellektuelle Fehlleistungen an deren subjektiv empfundener Großartigkeit schlicht abperlen. Auch in den sozialen Medien ist nicht unbedingt derjenige im Vorteil, der die besten Argumente liefern kann, sondern derjenige, der am besten zu provozieren und sich am lautesten Gehör zu verschaffen weiß. Für Menschen, die zu Selbstzweifel neigen, unbedingt Fehler zu vermeiden suchen und nach Perfektion streben, ist ein solches Umfeld wenig Erfolg versprechend.

Gleichzeitig leben wir in Zeiten zunehmender Elitenkritik, die auch die Bildungselite betrifft. Wissenshierarchien werden infrage gestellt, das Urteil von Experten wird schnell angezweifelt, wenn es nicht ins Weltbild passt. Die von Dunning und Kruger beschriebene Tendenz der Kompetenten, die Kompetenz der anderen zu überschätzen, wird angesichts des zunehmend ungefiltert geäußerten Kompetenzanspruchs der eigentlich Inkompetenten noch verstärkt. Wenn daraufhin das inkompetentere Gegenüber falsch eingeschätzt wird, behindert das die gelingende Kommunikation zwischen den verschiedenen Blasen und Echokammern in einer zunehmend polarisierten Gesellschaft. Angesichts ihres Strebens nach Perfektion, Korrektheit und inhaltlicher Tiefe stehen sich die Kompetenten im Vergleich zu denen, die ein ausgeprägtes Ego besitzen, selbst im Weg.

Dass Kompetenz und der Einfluss der Kompetenten in einer Demokratie aber eine zentrale Rolle spielen, ist unstrittig. Dunning und Kruger betonen, dass Kompetenz insbesondere in Entscheidungssituationen einen deutlichen Vorteil darstellt, auch wenn in der auf die Entscheidung folgenden Durchführung einer Strategie fehlende Kompetenz durch den aus einem hohen Selbstbewusstsein resultierenden Tatendrang kompensiert werden kann. Inwiefern und vor allem auf welche Weise wir heute sicherstellen können, dass diese eigentlich offensichtliche Tatsache auch weiterhin in unserer Gesellschaft Gehör findet, ist sicher eine der wichtigen Herausforderungen unserer heutigen Zeit.

Anmerkungen

1 Platon: »Apologia Socratis (Ad mores spectans). Des Sokrates Verteidigungsrede«, Übersetzung von Friedrich Schleiermacher, in: *Platons Werke*. Berlin 1818, Abschnitt 4b.

2 Justin Kruger, David Dunning: »Unskilled and Unaware of It: How Difficulties in Recognizing One's Own Incompetence Lead to Inflated Self-Assessments«, in: *Journal of Personality and Social Psychology* 77, 6 (1999), S. 1121–1134.

3 Pauline Clance, Suzanne Imes: »The Impostor Phenomenon in High Achieving Women: Dynamics and Therapeutic Intervention«, in: *Psychotherapy: Theory, Research and Practice* 15, 3 (1978), S. 241.

4 Joyce Ehrlinger, David Dunning: »How chronic self-views influence (and potentially mislead) assessments of performance«, in: *Journal of Personality and Social Psychology* 84 (2003), S. 5–17.

5 Diese These, in der Wissenschaftstheorie auch als »Kübeltheorie des Wissens« bekannt, kann man freilich bereits bezweifeln, da relevante Fragestellungen, Objektbereiche und Begriffssysteme jeweils selbst einem historischen Wandel unterworfen sind; siehe beispielsweise Ludwik Fleck: *Entstehung und Entwicklung einer wissenschaftlichen Tatsache: Einführung in die Lehre vom Denkstil und Denkkollektiv*. Frankfurt am Main 1980.

6 David Dunning: »The Dunning-Kruger Effect: On Being ignorant of One's Own Ignorance«, in: *Advances in Experimental Social Psychology* 33 (2011), S. 247–296.

7 Leonid Rozenblit, Frank Keil: »The misunderstood limits of folk science: An illusion of explanatory depth«, in: *Cognitive Science* 26 (2002), S. 521–562.

8 Les Barnsley et al.: »Clinical skills in junior medical officers: A comparison of self-reported confidence and observed competence«, in: *Medical Education* 38 (2004), S. 358–367.

9 Deanna Caputo, David Dunning: »What you don't know: The role played by errors of omission in imperfect self-assessments«, in: *Journal of Experimental Social Psychology* 41 (2005), S. 488–505.

10 Delroy Paulhus et al.: »The over-claiming technique: Measuring self-enhancement independent of ability«, in: *Journal of Personality and Social Psychology* 84 (2003), S. 890–904. In Paulhus et al. wurden Testpersonen aufgefordert, ihr Wissen zu verschiedenen Themen einzuschätzen, von denen einige erfunden waren, wie beispielsweise »esoterische Deduktion« oder »Choramin«. Rund 25 Prozent der nicht existierenden Themen wurden von den Getesteten als bekannt eingestuft.

11 Dieses Phänomen lässt sich wunderbar in Quizsendungen verfolgen: Immer wieder sind sich Kandidaten absolut sicher, die richtige Antwort zu wissen, und liegen tatsächlich vollkommen falsch damit. Oft werden die zugrunde liegenden Überlegungen in Echtzeit verbalisiert, sodass man als Zuschauer verfolgen kann, aus welchen verwandten Gebieten die Fehlschlüsse Eingang in das abgefragte Themenfeld gefunden haben.

12 Kruger, Dunning 1999, S. 1131.

13 Einzuschätzen war, wie viel Prozent der Getesteten schlechter abgeschnitten haben als sie selbst.

14 Clance, Imes 1978, S. 241.

15 Jasmine Vergauwe et al.: »Fear of being exposed: the trait-relatedness of the impostor phenomenon and its relevance in the work context«, in: *Journal of Business and Psychology* 30, 3 (2015), S. 565–581.

16 Carina Sonnak,Tony Towell: »The impostor phenomenon in British university students: Relationship between self-esteem, mental health, parental rearing style and socioeconomic status«, in: *Personality and Individual Differences* 31(2001), S. 863–874.

17 Chris Woolston: »Faking it«, in: *Nature* 529 (2016), S. 555–557.

Armin Nassehi

Die Atkins-Unschärferelation

Perspektiven als Intelligenzantrieb

Über die Frage der Intelligenz kann man viel am Beispiel von Daryl Atkins lernen.[1] Atkins ist kein Psychologe, kein Intelligenzforscher oder Genetiker, sondern ein verurteilter Mörder aus dem US-Bundesstaat Virginia. Seine zunächst mangelnde, dann gestiegene Intelligenz hat ihm zunächst das Leben gerettet, ihn dann aber fast das Leben gekostet, gottlob nur fast. Atkins, geboren 1978, wurde 1998 wegen Mordes, Entführung und räuberischer Erpressung zum Tode verurteilt. Allerdings wurde bei ihm zum Zeitpunkt des Verfahrens ein Intelligenzquotient (IQ) von etwa 60 diagnostiziert. Das entsprach in seinem Alter etwa den geistigen Fähigkeiten eines neun- bis zwölfjährigen Kindes. In den USA liegt die untere Grenze dafür, einen Delinquenten hinzurichten, je nach Bundesstaat bei einem IQ von 70 bis 75, in Virginia beträgt der Wert 70. In einem berühmt gewordenen Prozess vor dem Obersten Gerichtshof bekam Atkins mit Hinweis auf den achten Zusatzartikel der amerikanischen Verfassung, der übertriebene Bestrafungen verbietet, Recht. Danach haben die Richter entschieden, dass ein geistig behinderter Mensch nicht hingerichtet werden darf, und legten die Grenze entsprechend den oben genannten Werten fest. Dies rettete Atkins tatsächlich zunächst das Leben. Zunächst.

Die Verteidigung des Verurteilten ging in Berufung und baute die neue Verteidigungsstrategie darauf auf, den niedrigen IQ als Beweis für die Unzurechnungsfähigkeit des Delinquenten anzuführen. Im Rahmen des Revisionsprozesses wurden erneut IQ-Tests an Atkins durchgeführt, die einen signifikant höheren IQ von bis zu 76 zutage brachten.

Die Staatsanwaltschaft hat daraufhin dafür plädiert, dass Atkins durchaus voll zurechnungsfähig sei und also keine Verschonung von der Todesstrafe verdient habe, was 2005 zu einer erneuten Verurteilung zum Tode führte. Der Hinrichtungstermin wurde auf den 2. Dezember 2002 festgelegt, die Hinrichtung jedoch ausgesetzt und das Urteil 2008 in eine lebenslange Haft umgewandelt, weil sich im Nachhinein eine Verfälschung einer Zeugenaussage gezeigt hat.

Fast hätte das Urteil des Obersten Gerichtshofes, das eindeutig festgelegt hatte, dass ein Mörder mit einem IQ unter 70 nicht hingerichtet werden darf, was ja zugleich bedeutet, dass es bei einem IQ über 70 durchaus gestattet sei, Atkins am Ende doch noch das Leben gekostet. Es soll hier nun nicht um die zumindest für Kontinentaleuropäer fremd anmutenden Formen des US-amerikanischen Strafrechts gehen, denn dort interessierte man sich offensichtlich nicht für die Zurechnungsfähigkeit und die geistige Potenz des Delinquenten während der Tat, sondern für seinen Zustand während der Hinrichtung. Das ist mindestens inkonsistent. Vielleicht sogar wenig intelligent – aber das ist nicht die Frage hier.

Vielmehr ist die Frage interessant, warum bei Atkins zum Zeitpunkt des ersten Prozesses ein viel niedrigerer IQ gemessen wurde als später. Psychologische Gutachten während der unterschiedlichen Prozessphasen haben das damit begründet, dass Atkins ganz offensichtlich während der Prozesse und während der Haft mit Eindrücken konfrontiert wurde, die seinen IQ haben steigen lassen. So habe der Häftling, der allein in seiner Zelle saß, einen Fernseher zur Verfügung gehabt, und er habe sich offensichtlich mit allerlei geistiger Nahrung versorgt. Besonders wichtig war für einen Gutachter die Tatsache, dass sich die geistigen Fähigkeiten von Atkins offensichtlich durch seinen Kontakt mit dem Gericht, mit den Verhandlungen, vor allem aber mit seinen Strafverteidigern besonders positiv entwickelt haben müsse. Dazu sei auch noch eine gewisse Routine im Umgang mit Intelligenztests gekommen. Nun geht es hier nicht um den Fall von Daryl Atkins, der bis heute in einem Gefängnis im Bundesstaat Virginia lebt.

Natur oder Kultur?

Diese Geschichte zeigt aber alle Facetten auf, die mit dem Konstrukt »Intelligenz« zu tun haben. Offensichtlich ist niemand zeitlebens gleich intelligent. Intelligenz scheint kein invariantes Merkmal einer Person zu sein, sondern ist von äußeren Einflüssen abhängig – so hilft schon Fernsehen oder der Kontakt zu einem komplexen Setting wie einem Strafverfahren dabei, intelligenter zu werden. Oder sollte ich sagen: Es hilft dabei, bei den Tests besser abzuschneiden? Schon wenn man die Tests trainieren kann, also bei Wiederholung eine gewisse Testroutine erhält und dann besser abschneidet, ist das ein Hinweis darauf, dass sie offensichtlich weniger eindeutig sind als Tests, die den Eiweißgehalt des Urins oder die Glukosekonzentration im Blut messen.

All das weist auf den Anteil genetischer, also invarianter oder wenigstens invariant vorgestellter Faktoren hin, über den in der Fachwelt wenig Einigkeit herrscht. Einer der einflussreichsten Intelligenzforscher, nämlich der Psychologe Hans Jürgen Eysenck, beziffert den Anteil der Genetik an der Intelligenz auf 70 bis 80 Prozent und schließt aus Messungen, die Schwarzen im Durchschnitt 15 IQ-Punkte weniger als Weißen bescheinigen, auf eine biologische, in diesem Sinne rassische Minderbemitteltheit von Schwarzen. Die Frage, ob es nicht eher die sozialen Stimuli, etwa in Form von Bildungsangeboten oder Varianzen von Lebensformen sind, also schlicht soziale Ungleichheiten, die die gemessenen Ungleichheiten mindestens genauso triggern, bleibt dabei ausgespart.[2] Die Auseinandersetzung um den Hobbygenetiker Thilo Sarrazin im Hinblick auf die biologische Begründung der geringeren Potenz von vor allem arabischstämmigen Einwanderern geht in dieselbe Richtung. Das Atkins-Beispiel führt also auch in die große Debatte um die biologischen und kulturellen Anteile von Intelligenz.

Dieser Punkt ist eine der öffentlich vielleicht am stärksten diskutierten Fragen bezüglich der Intelligenz – und der Fall Atkins ist insofern von einer besonderen Drastik, als der Verurteilte nicht nur aus unterprivilegierten Zusammenhängen kommt, sondern auch ein Schwarzer ist. Auf diese Diskussion ist man in Deutschland tatsächlich öffentlich erst mit Sarrazin gestoßen. Sarrazins These lautete, dass durch die höheren Geburtenraten unter Migranten und damit durch die Reproduktion von minderer Intelligenz die Gesamtintelligenz der Gesellschaft abnehme. Die Blaupause für dieses Argument ist eine öffentliche Debatte in den USA der 1990er-Jahre über ein Buch von Charles Murray und Richard Herrnstein mit dem Titel *The Bell Curve*.[3] Gemeint ist die Glockenkurve nach dem Modell der Gauss'schen Normalverteilung, nach dem der IQ gebildet wird.

Die beiden Wissenschaftler haben die oben schon erwähnte IQ-Differenz von 15 Punkten zwischen der schwarzen und der weißen Bevölkerung der USA als einen Beweis dafür angeführt, dass es zwischen Weißen und Schwarzen eine tatsächlich biologisch begründbare Differenz gebe, weswegen man die schwarze Geburtenrate durch Streichung von Transferleistungen senken solle. Abgesehen davon, dass die Streichung von Transferleistungen und damit die Erhöhung sozialer Ungleichheitsraten womöglich eher zum gegenteiligen Effekt führen könnte, ist das Argument von Murray und Herrnstein schon aus methodischen Gründen völlig indiskutabel. Es kann letztlich nur Ressentiments bedienen, denn den Anteil der statistischen Varianz von »Intelligenz« in unterschiedlichen Gruppen kann man nur messen, wenn man Populationen mit gleichen Umweltbedingungen miteinander vergleicht. Aber gerade das gilt für den Fall der schwarzen im Vergleich zur weißen Bevölkerung in den USA nicht. Die Argumente der »Bell Curve« wurden denn auch heftig kritisiert, und zwar sowohl sozialwissenschaftlich im Hinblick auf die unterschiedlichen Umweltbedingungen der unterschiedlichen Gruppen, aber auch biologisch im Hinblick auf epigenetische und evolutionsbiologische Fragen. Die wichtigsten Autoren dieser Debatte waren Richard Lewontin, Steven Rose, Leon J. Kamin und Stephen J. Gould.[4]

Die Hauptkonfliktlinie ist also diejenige zwischen der Frage erworbener und zugeschriebener Merkmale im Hinblick auf Intelligenz. Ganz sicher wird es in Gruppen mit gleichen Umweltmerkmalen eine große

Varianz hinsichtlich der Intelligenz geben, aber diese Varianz lässt sich nur dann als gruppenspezifisch deklarieren, wenn man alle anderen Einflüsse statistisch kontrollieren kann. Und hier fängt das Intelligenzthema erst an, interessant zu werden – und auch hier ist das Beispiel von Atkins ein sehr lehrreiches Beispiel. Innerhalb dieser tragischen Geschichte verändert sich der Topos Intelligenz von einem geradezu substanziell vorgestellten Merkmal einer Person zu einem Ergebnis von Praktiken, von Erfahrungen, von akzidentellen Merkmalen, die auch anders hätten ausfallen können. Es ist gewissermaßen der Unterschied zwischen natürlicher Substanz und kultureller Veränderbarkeit – wenn man Natur als eine Chiffre für alles verwendet, was in ein Reich der Notwendigkeit, der Eindeutigkeit und Unveränderbarkeit gehört, und Kultur als Chiffre für Freiheit, historische und systematische Varianz und damit auch Veränderbarkeit.

Dass die Unterscheidung eines Reiches der Notwendigkeit und eines Reiches der Freiheit so längst nicht mehr funktioniert, ist heute unbestritten. Denkt man an Forschungen über Epigenetik, geht man inzwischen davon aus, dass die Aktivierung von Genen während eines Lebensverlaufs von äußeren Faktoren abhängig ist und epigenetische Veränderungen während eines Lebenszyklus zu beobachten sind, die nicht auf Variation und Selektion beruhen und sogar weitervererbt werden können. Es geht also letztlich um eine evolutionstheoretische Analogie zwischen der Phylogenese und der Ontogenese von Lebewesen, die ein naives deterministisches Weltbild in seinen Grundfesten erschüttert, ohne dass man behaupten könnte, aus dem Reich der Notwendigkeit würde nun ein Reich der Freiheit.[5] Epigenetik macht also aus Natur nicht kulturelle Beliebigkeit, wie es übrigens so etwas wie kulturelle Beliebigkeit gar nicht gibt. Denn die andere Seite der Unterscheidung ist eine Gesellschaft und Kultur, die oft genug zur zweiten Natur gerinnt. Statt all die dekonstruktiven und postmodernen Theorien misszuverstehen und zu glauben, sie predigten Beliebigkeit und völlig haltlose Freiheit, haben wir von ihnen gelernt, wie voraussetzungsreich kulturelle Stabilität ist. Als Soziologe sollte man sich weniger darüber wundern, wie sehr sich alles verändert, sondern eher darüber, wie stabil die moderne Gesellschaft von Mustern geprägt ist, was sich in den statistischen und für die Digitalisierung der Gesellschaft so relevanten Regelmäßigkeiten unseres Verhaltens niederschlägt.[6]

Die Seite der Gesellschaft/Kultur ist also durchaus stabiler, als es die meisten Vorurteile suggerieren, und die Seite der Natur ist formbarer, weniger deterministisch, als es dieselben Vorurteile nahelegen. Bruno Latour hat folgerichtig diese Unterscheidung geradezu invertiert und sieht darin eine Dementierung dessen, was die Verfassung der Moderne ausmacht.[7] So weit muss man nicht gehen, aber es wirft tatsächlich ein Licht auf die merkwürdige Diskussion um Intelligenz und ihre Verteilung. Das Beispiel von Atkins jedenfalls zeigt sehr deutlich, wie sehr Intelligenz davon abhängig ist, in welchem Umfang ein Mensch sich mit seiner Umwelt auseinandersetzen kann und muss. Die Variabilität der Messergebnisse in seinem Fall lässt jedenfalls darauf schließen, dass es einen Zusammenhang zwischen sozialen Strukturen und dem gibt, was man Intelligenz nennt.

Was ist Intelligenz?

Was ist nun unter Intelligenz zu verstehen. Die meisten Definitionen vereinen zwei Punkte: Intelligent ist jemand, der sich zum einen auf neue Anforderungen einstellen kann, also sein Verhalten an veränderte Bedingungen anzupassen in der Lage ist. Zum anderen wird Intelligenz stets mit Problemlösungspotenzialen gleichgesetzt. Intelligenz ist also ein Maß dafür, wie jemand die richtige Problemlösungsform auf eine bestimmte Aufgabenstellung findet und anwendet. Dabei geht es nicht um die sture Anwendung einer Regel, sondern um die Eigenleistung, selbst das entsprechende Problemlösungstool finden zu können. Intelligenztests sind daraufhin ausgerichtet, verschiedene Faktoren der kognitiven Verarbeitungskapazität zu erheben, zu messen und zu vergleichen. So geht es um Merkfähigkeit, um zahlenförmige, figürliche und semantische Formen, um Geschwindigkeiten und die Gleichzeitigkeit unterschiedlicher Aufgaben usw. All diese Parameter dienen letztlich dazu, die Belastungsfähigkeit der kognitiven Fähigkeiten unter Laborbedingungen zu testen. Der Intelligenzquotient ist dann ein statistisches Maß dafür, das vor allem einen Vergleich zwischen unterschiedlichen Personen im Hinblick auf die Standardabweichung vornimmt und die individuelle kognitive Fertigkeit am alterskontrollierten Normalmaß (das selbst wiederum ein statistisches Maß ist) ausrichtet.[8] Solche Tests dienen vor allem als Vergleichs- und Prognosetools. Ihre Einsatzgebiete sind etwa Prognosen von Schul- oder Berufskarrieren und entsprechende Eignungstests oder eben auch Zurechnungsfähigkeitstests wie im Falle des todgeweihten Häftlings Atkins.

Doch der Test ist nur eine Operationalisierung, aber eine Operationalisierung wovon und wofür? Was erwarten wir von Intelligenz? Wozu ist sie gut? Welches Problem löst sie? Um es auf eine Formel zu bringen: *Sie löst das Problem der Problemlösung.* Intelligent dürfte ein solches Verhalten sein, das nicht einfach feststehende Regeln umsetzt, also nicht nur die richtige Anschlusshandlung für eine bestimmte Situation kennt, sondern das zwischen mehreren möglichen Anschlusshandlungen auswählen kann oder die Alternativen selbst erzeugen muss. Intelligenz scheint stets dort gefordert zu sein, wo sich das eine nicht unmittelbar aus dem anderen ergibt, wo also Verhalten nicht einfach technisiert oder automatisiert ist. Man könnte daraus schließen: Für die meisten unserer Alltagshandlungen bedarf es kaum einer Intelligenz. Vieles von dem, was wir tun, ist so automatisiert, dass sich nur wenige Alternativen stellen, wir mit vergleichsweise wenig Aufwand und mit wenig kognitiver Aufmerksamkeit durch den Tag kommen. Die meiste Alltagskommunikation ist so aufgebaut. Wir müssen uns dafür wenig vornehmen, wenig nachdenken, kaum in Alternativen denken, die Variationsbreite des Verhaltens ist gering, und letztlich stellen sich auch kaum Alternativen.

Intelligenz wird in jenen Situationen erforderlich, in denen all das nicht gilt. Wir brauchen sie dann, wenn wir nicht sogleich wissen, was getan werden muss. Sie ist also letztlich ein Entscheidungsgenerator.

Intelligenztests haben eher die kognitive Verarbeitungskapazität im Blick und operationalisieren damit jene Fähigkeit, die nötig ist, um Entscheidungen zu treffen. Von Entscheidung kann man aber nur dann sprechen, wenn diese auch anders hätte ausfallen können, wenn es also explizit mehr als eine Anschlussmöglichkeit gibt. Zur Entscheidung gehört konstitutiv dazu, mit nicht vollständigen Informationen umgehen zu können. Intelligenz wäre damit ein Maß dafür, aus unvollständigen Informationen eine informierte Handlung oder einen informierten Anschluss zu generieren. Sie wird also überall dort gebraucht, wo man mit Unschärfe umgehen muss, mit der Unschärfe einer Situation, in der die Anschlusshandlung einen Informationswert hat.

Nun gilt dies genau genommen für alle nicht automatisierten Situationen. Intelligenz wäre damit eine unvermeidliche Größe in Kommunikations- und Handlungsprozessen, aber sie ist in jedem Falle steigerbar, will heißen: Je komplexer eine Situation ist, desto mehr kognitive Verarbeitungskapazität wird benötigt. Hier scheint bereits der Zusammenhang zwischen Intelligenz und Situation, zwischen der Verhaltensdisposition eines Intelligenzträgers und seiner Umwelt auf. Um zu lernen, welches Problem Intelligenz löst, lohnt es sich, die pragmatistische Handlungstheorie von George Herbert Mead auf den Plan zu rufen.

Meads vor etwa einhundert Jahren formulierte Handlungstheorie setzt nicht den intelligenten Handelnden voraus, sondern positioniert Intelligenz letztlich als eine Folge der Handlung. Das mag kontraintuitiv klingen, ist aber spätestens dann plausibel, wenn man Meads Theoriekonstruktion genauer betrachtet. Der wichtigste Aspekt des Handelns ist für Mead das Zögern, man könnte sagen: die logische Sekunde zwischen der Wahrnehmung einer Situation und der Anschlusshandlung. Es ist ein Dazwischen. Mead nennt dieses Dazwischen eine *Handlungshemmung*. Automatisches Verhalten, also solches, das kaum Wahlmöglichkeiten braucht, in dem soziale Programme der Anschlusshandlung ablaufen, das weitgehend festgelegt ist, etwa durch kulturelle Einförmigkeit, Tradition, Routine, Regeln oder Bewährung, kennt kaum Handlungshemmungen. Es handelt gewissermaßen selbst.

Eine Handlungshemmung tritt nur dort auf, wo es zu Anpassungs-, Entscheidungs- oder Justierungsfragen kommt. Der größte Teil unseres Alltagshandelns kommt, wie gesagt, ohne Handlungshemmungen aus – es geschieht sehr routiniert, was geschieht. In der Soziologie nennt sich solches Handeln *Praxis*.[9] Erst wo die Praxis unterbrochen wird, kommt es zur expliziten Beteiligung des Bewusstseins, besser müsste man sagen: der Bewusstheit intelligenter Anteile. Dann wird es nötig, dass man sich Handlungsfolgen vorstellt, dass man explizit einschätzt, wie Alter Ego reagiert, oder räsonieren muss, was zu tun sei.

Mead beschreibt die Handlungshemmung als ein Geschehen des *role taking* – als einen Mechanismus, bei dem Ego sich gewissermaßen durch die Brille von Alter Ego wahrnimmt und die Folgen des eigenen Handelns antizipiert, einschätzen, interpretieren, auslegen muss. Das gilt für jedes Verhalten, aber je ungenauer, je unschärfer, je uneindeutiger sich Alter Ego darstellt beziehungsweise die Situation ist, desto länger wird die logische Sekunde bis zur Entscheidung/Handlung ausfallen. Je komplexer also eine Situation ist, desto höher ist der funktionale Bedarf für Bewusstsein/Bewusstheit. Bewusstsein ist demnach, so Meads wunderbare Formulierung, nicht die Voraussetzung, sondern die Folge des Handelns.[10] Intelligenz auch.

Intelligente Individuen oder intelligente Konstellationen?

Ich kehre zurück zur natürlichen Intelligenz, also zu jener, die wir Menschen zurechnen. Aber womöglich ist die Perspektive, bei der Frage der Intelligenz nach der Fähigkeit von Individuen zu suchen – ob nun erblich bedingt oder aber erlernt –, nicht die intelligenteste Frage. Letztlich müsste man die Fragerichtung umdrehen und eher nach intelligenten Verhältnissen fragen oder besser nach Verhältnissen, in denen Intelligenz erforderlich ist. Solche Verhältnisse scheinen etwas mit einer gewissen Ausgangskomplexität zu tun zu haben, ohne die es gar keinen Bedarf für intelligentes Verhalten und für Handlungshemmungen gibt. Das war der Gedanke, den ich mir bei Mead geborgt habe: Je uneindeutiger und je komplexer die antizipierte Reaktion des Gegenübers eingeschätzt werden muss, desto höhere Level von Bewusstsein und Bewusstheit werden funktional erforderlich. Um es demnach auf eine Formel zu bringen: Wer Intelligenz befördern will, muss Handlungshemmungen ermöglichen.

Alle Pädagogik beginnt letztlich bei dieser Erfahrung. Schülerinnen und Schüler, Studierende, aber auch andere, die etwas lernen sollen und wollen, sind auf den Einsatz von Handlungshemmungen angewiesen. Sind die Dinge von vornherein zu klar, ist Intelligenz gar nicht erforderlich. Sind sie zu unklar, hilft auch Intelligenz nichts. Die Kunst eines Lehrers oder einer Lehrerin besteht darin, eine Situation zu ermöglichen, in der die logische Sekunde der Handlungshemmung dafür sorgt, dass das Gegenüber seine eigenen kognitiven Fähigkeiten braucht, um das zu verstehen, was ihm beigebracht werden soll. Vielleicht sind gerade deshalb das Lesen und noch mehr das Schreiben die besten Mittel für das Training von Intelligenz. Lesen ist eine voraussetzungsvolle Tätigkeit, weil fast alles Lesbare mehrere Verwendungs- und Verstehensweisen provoziert. Noch wichtiger ist das Schreiben. Erst wer schreibt, kann komplex denken, weil die Dinge von einer gewissen Unbestimmtheit in eine Bestimmtheit überführt werden müssen, die schon durch die Linearität der geschriebenen Sätze und durch die Konfrontation mit ihnen auf Handlungshemmungen stoßen. Darum ist ausgerechnet die Schreibhemmung eine solch verbreitete Störung, die man nur dadurch überwinden kann, dass man sich die Alternativen des Sagbaren vorstellt und irgendwo beginnt, was einen dann weiterführt.

Was ich hier das Pädagogische genannt habe, lässt sich auf verschiedene Settings übertragen. Auch Führung in Organisationen, Verhandlungen mit offenem Ausgang oder Konfrontationen mit anderen Perspektiven sind Intelligenzgeneratoren. Man muss nicht intelligent *sein*, um all das zu tun, man *wird* intelligent, indem man es tut. Das ist exakt die Erfahrung, die Atkins gemacht hat, als er sich mit dem Gericht, mit den Verhandlungen, mit seinen Anwälten auseinandersetzen musste. Er wurde damit intelligenter – vielleicht so intelligent, dass er seine schreckliche Tat nicht begangen hätte, wenn er über dieses Potenzial schon zur Tatzeit verfügt hätte. Aber das ist reine Spekulation – ganz abgesehen davon, dass Intelligenz in diesem Sinne nichts ist, was sich nur für Gutes und Segensreiches einsetzen lässt. Auch wer böse Ziele verfolgt, muss über eine gewisse Intelligenz verfügen. Wer jemanden betrügen möchte, muss zum Beispiel in der Lage sein, sich in die Perspektive des anderen zu versetzen, seine Handlungen einzuschätzen, ein *role taking* anzustrengen, in Alternativen zu denken.

Vielleicht ist es besser, nach intelligenten Konstellationen zu suchen, als sich nur Individuen anzusehen. Oder anders gewendet: Unter welchen Bedingungen werden intelligente Lösungen wahrscheinlicher? Darauf lässt sich eine relativ einfache Antwort geben: Es sind solche Bedingungen, unter denen kontrollierbare Handlungshemmungen wahrscheinlicher werden. Es macht zum Beispiel einen Unterschied, wie man Expertise nutzt. Die vielleicht intelligenteste Form ist nicht diejenige, nach der besten Expertise zu suchen, die jemand hat. Die intelligenteste Form dürfte diejenige sein, unterschiedliche Perspektiven so aufeinander zu beziehen, dass sich mit wechselseitigen *role takings* neue Möglichkeiten ergeben. Es geht dabei nicht um Verständigung oder Konsens, sondern um Selbstkorrekturen, um die Nutzung von Perspektivenverschiebungen, um das, was ich an anderer Stelle »verteilte Intelligenz« genannt habe als Chiffre für eine Gesellschaft, in der es keine alleinige Perspektive gibt.[11]

Dass Intelligenz keine eindeutig formalisierbare Größe ist, wissen wir ausgerechnet aus der Diskussion um die sogenannte künstliche Intelligenz. Darunter werden Algorithmen verstanden, die in der Lage sind, auf komplexe Probleme zu reagieren. Allerdings sind Algorithmen, auch die diffizilsten, formale Systeme. Sie müssen in mathematisierbarer formaler Sprache ausgedrückt werden und brauchen dafür vor allem eine Idee formaler Vollständigkeit. Doch spätestens seit Kurt Gödels Unvollständigkeitssatz aus den 1930er-Jahren wissen wir, dass es logische Sätze in formalen Systemen gibt, die nicht arithmetisch und im Hinblick auf ein rein formales Funktionenkalkül berechnet werden können.[12] Nicht einmal formale Systeme können vollständig und widerspruchsfrei gedacht werden, was eben auch bedeutet, dass das, was wir Denken und Intelligenz nennen, in seiner Gesamtheit nicht algorithmisch dargestellt werden kann. Wir können also wissen: Ein formales System kann niemals vollständige Transparenz über sich selbst erlangen – jedoch gilt das letztlich für alle Systeme, nicht nur für solche, die in formaler Sprache modelliert werden können. Das bedeutet, dass dies auch für psychische Systeme, also Bewusstsein, aber auch für soziale Systeme gelten muss. Selbstbezügliche Systeme geraten in Paradoxien, die sie selbst auflösen müssen – in formalen Systemen wie computergestützten Algorithmen fällt das nur deshalb besonders auf, weil die Struktur eines solchen Systems in formaler Form vorliegt. In Systemen mit natürlicher Intelligenz fällt das nicht auf, weil das Problem immer schon gelöst ist, zum Beispiel dadurch, dass man immer schon irgendwo begonnen haben muss und dann Pfadabhängigkeiten entstehen, die für das System selbst zunächst nicht weiter auffallen.[13]

Intelligenz, so könnte man sagen, ereignet sich in dem Spielraum, in der Zone der Unbestimmtheit, in dem Raum des Uneindeutigen, in dem sich entscheidet, wie es weitergeht. Und hier sind formale Intelligenzen zwar kapazitativ den menschlichen oder natürlichen himmelweit überlegen, aber sie haben keinen Ort für die Uneindeutigkeit. Zumindest würden wir einem formalen System keine Fehler verzeihen, während wir mit der Kontingenzformel »Mensch« jede Unzulänglichkeit, wenn nicht zu entschuldigen, so wenigstens zu erklären oder zu ertragen in der Lage sind.[14] Der Trigger für Intelligenz ist Uneindeutigkeit – und das ist ein funktionalistisches Argument, denn unter Bedingungen von Eindeutigkeit stört Intelligenz nur. Da ist das Funktionieren, also die Technisierung von Anschlusshandlungen, weit praktikabler. Deshalb stören die Intelligenten fast überall dort, wo Eindeutigkeit durchgesetzt werden und auf Kommunikation möglichst verzichtet werden soll – wenn man unter Kommunikation einen Mechanismus versteht, bei dem die Anschlusshandlung einen Unterschied macht. Je mehr Kommunikation, desto mehr Uneindeutigkeit – diese Formel gilt gegen alle zivilreligiösen Überzeugungen einer ans Kommunizieren gewöhnten Mittelschicht, die Eindeutigkeit durch mehr Kommunikation herstellen will, was übrigens am Ende nur dann geht, wenn man sich nicht durch kommunikative Abweichungen verunsichern lässt. Daran lässt sich letztlich die Intelligenz der Verhältnisse messen.

Exakt darum geht es: um intelligente Verhältnisse. Die Intelligenz ereignet sich nur partiell im Kopf. Sie ist auch keine Summe von Köpfen. Drei intelligente Menschen multiplizieren Intelligenz nicht um den Faktor Drei. Unter bestimmten Umständen können sie die Gesamtintelligenz sogar reduzieren, zum Beispiel wenn es ihnen nicht darum geht, aus der Differenz ihrer Positionen etwas zu machen, sich in der Intelligenz des anderen zu spiegeln oder etwas Drittes (in diesem Fall: Viertes) entstehen zu lassen, das kein Konsens sein muss, vielleicht nicht einmal sein sollte. Sie können die Gesamtintelligenz womöglich erheblich steigern, wenn sie sich als Teile verteilter Intelligenz verstehen, wenn sie das eigene im Lichte des anderen betrachten, wenn sie erwägen, dass ihre eigene Lösung von Prämissen abhängt, die den Prämissen der anderen nicht entsprechen, und dass man deshalb womöglich etwas an den Prämissen ändern muss. Sie können sie erhöhen, wenn sie merken, dass keine der drei Lösungen den formalen Kriterien der Vollständigkeit genügt. An den Lösungen der anderen sieht man es zunächst deutlicher, muss dann aber feststellen, dass es den anderen auch so geht und man selbst auf einmal zu den anderen gehört, also den anderen der anderen. Man wird auf die Nichteindeutigkeit der Lösung, auf die Unbestimmtheit des nicht vollständig begründbaren Rests, auf die Bedingungen der eigenen Möglichkeit gestoßen – und sollte daraus kein epistemologisches Proseminar machen, sondern sich daran erinnern, dass die Zeit fließt und knapp ist: Es muss nämlich entschieden werden, nicht obwohl, sondern weil es eigentlich gar nicht geht. Zumindest nicht eindeutig.

Die Preisfrage ist dann, welche äußeren Bedingungen solche Intelligenz befördern. Manchmal reicht es, Leute zusammenzubringen, die auf den ersten Blick nicht zusammengehören. Aus der Netzwerkforschung wissen wir, dass diejenigen bessere Problemlösungsfähigkeiten entwickeln, die sich Situationen aussetzen, in denen sie nicht nur mit denen konfrontiert werden, die dasselbe denken wie sie selbst. Wer sich nur mit seinesgleichen konfrontiert, wird eher bestätigt, als der- oder diejenige, welcher oder welche sich dem Risiko des Widerspruchs aussetzt.

Es braucht gar keine Revolution, um die Intelligenz zu befördern. Es könnten relativ kleine Änderungen sein. In Klassenzimmern und Hörsälen, in Arbeitsgruppen in Unternehmen, Kliniken und Verwaltungen, in Parteien und Parlamenten. Na ja, überall eben. Es lohnt sich, darüber nachzudenken, welche Settings man erfinden muss, um solche Intelligenzen in den Settings zu befördern. Die Idee, Foren zu gründen, in denen sich zum Beispiel Experten und Sprecher unterschiedlicher Provenienz zusammentun, um an ihren Differenzen zu arbeiten, um Lösungen zu antizipieren, um das Gewohnte als die Falle der Reflexionslosigkeit zu entlarven, braucht keine wirklich strukturellen Veränderungen, aber den Mut, sich seines eigenen Verstandes zu bedienen. Nein, ich gebe hier keine Quelle an!

Letztlich geht es um Diversity, um intelligente Diversity. Die Idee von Diversity, wie sie derzeit diskutiert wird, speist sich aus der Erfahrung, dass sich in vielen Bereichen der Gesellschaft nicht die Vielfalt der Gesellschaft niederschlage, vor allem in Elitepositionen, in Führungsetagen, Parlamenten, Universitäten usw. Meist wird das am Geschlecht, an der Hautfarbe, am Migrationshintergrund oder an ethnischer Zugehörigkeit festgemacht, manchmal auch am Lebensalter. All das sind Personenmerkmale, also Merkmale, die leicht sichtbar zu machen sind, weil sie zurechnungsfähige Träger haben. Und auch wenn sich Diversity bisweilen auf einem identitätspolitischen Kampfbegriff reduziert, der auch dazu dient, von Inhalten absehen zu können, so ist der Grundgedanke ebenso richtig wie notwendig. Denn der Grundgedanke von Diversity ist tatsächlich einer, der etwas mit der Frage von intelligenten Settings zu tun hat: Schon die Tatsache, dass es mit Diversity zu einer Konfrontation unterschiedlicher Denkungsarten, Praxisformen und

Handlungsmuster kommen kann, ist eine intelligenzfördernde Maßnahme. Diversity muss intelligent weitergedacht werden – als eine Form, die aus der Differenz von Perspektiven Kapital schlägt, die Perspektivendifferenz inszeniert, die aus der Not des Verlusts von Eindeutigkeit eine Tugend macht: den unbestimmbaren Rest, die Handlungsspielräume und die undenkbaren Lösungen auszuloten. Das ist es, was Diversity zu einem Intelligenzgenerator machen kann – die Diversity von Personenmerkmalen käme dann gewissermaßen automatisch zum Zuge.

Intelligente Verhältnisse leben davon, die Komfortzone der eigenen Blase zu verlassen, Selbstbestätigungskartelle aufzubrechen, nicht immer schon zu wissen, wer die Wahren, Schönen und Guten sind. Das mag allzu appellativ klingen – aber es ist eher analytisch gemeint. Und es enthält den Hinweis darauf, dass es manchmal diejenigen sind, die sich mit allergrößter Sicherheit auf der Seite des richtigen Bewusstseins und der moralischen Stärke wähnen, die sich am wenigsten verunsichern lassen und die Wiederholung von Sätzen schon mit gelungener Kommunikation verwechseln. Allzu einfache Lösungen finden sich nicht nur bei den Populisten, nicht nur bei den anderen. Und es geht mir nicht darum, irgendetwas anzuklagen oder konkrete Inhalte zu meinen. Es geht mir um die Frage, welche Art von Settings nötig ist, um die eigene Intelligenz herauszufordern. Daryl Atkins ist auch in diesem Sinne ein beredtes Beispiel dafür, worum es geht. Denn: It's the setting, stupid!

Anmerkungen

1 Vgl. Donna St. George: »Man's Va. Death Sentence Overturned«, in: *Washington Post* vom 09.06.2006; Adam Liptak: »Lawyer Reveals Secret, Toppling Death Sentence«, in: *New York Times* vom 19.01.2008

2 Vgl. Hans Jürgen Eysenck: *Die Ungleichheit der Menschen.* München 1975, S. 12.

3 Richard Herrnstein, Charles Murray: *The Bell Curve. Intelligence and Class Structure in America.* New York 1994.

4 Vgl. Armin Nassehi: »Die Biologie spricht gegen den Biologismus.« Rezension von Thilo Sarrazins *Deutschland schafft sich ab* in: *Frankfurter Allgemeine Zeitung* vom 13.10.2010.

5 Vgl. einführend Wolfgang Wieser: *Gehirn und Genom. Ein neues Drehbuch für die Evolution*. München 2007.

6 Vgl. Armin Nassehi: *Muster. Theorie der digitalen Gesellschaft*. München 2019, S. 44–64.

7 Vgl. Bruno Latour: *Wir sind nie modern gewesen. Versuch einer symmetrischen Anthropologie*. Frankfurt am Main 2008.

8 Vgl. Ian J. Deary: *Intelligence. A very short Introduction*. Oxford 2001.

9 Vgl. dazu Armin Nassehi: *Der soziologische Diskurs der Moderne*. Frankfurt am Main 2009, S. 133 ff.

10 Vgl. George Herbert Mead: *Geist, Identität und Gesellschaft. Aus der Sicht des Sozialbehaviorismus*. Frankfurt am Main 1988, S. 56.

11 Vgl. Armin Nassehi: *Die letzte Stunde der Wahrheit. Kritik der komplexitätsvergessenen Vernunft*. Hamburg 2018, S. 51 ff.

12 Vgl. Kurt Gödel: »Über formal unentscheidbare Sätze der Principia Mathematica und verwandter Systeme I«, in: *Monatshefte für Mathematik und Physik* 38 (1931), S. 173–198.

13 Vgl. Armin Nassehi: »Paradoxie«, in: Oliver Jahraus, Armin Nassehi et al. (Hrsg.): *Luhmann-Handbuch. Leben – Werk – Wirkung*. Stuttgart 2012, S. 110 f.

14 Ausführlich zu den Konsequenzen für die Intelligenz der künstlichen Intelligenz und das Verhältnis zur natürlichen Intelligenz vgl. Nassehi 2019, S. 251 ff.

Berit Glanz

Sonnenaufgang im Uncanny Valley

Navigieren und überleben im KI-Zeitalter

Sind in Zeiten rasanter Digitalisierungssprünge und zunehmender Fortschritte im Bereich der künstlichen Intelligenz die aus dem Lesen und Analysieren von Literatur gewonnenen Fähigkeiten und Erkenntnisse überhaupt noch zukunftsfähig? Müssen die Literaturwissenschaften auf die Frage nach der spezifischen Intelligenz der Literatur eine Antwort geben können und wie lässt sich diese mit der künstlichen Intelligenz verknüpfen? Die Literaturwissenschaften arbeiten seit der kulturwissenschaftlichen Wende in Teilen mit einem erweiterten Textbegriff, analysieren nicht mehr nur schriftsprachliche Äußerungen, sondern schauen mit großem Interesse auch auf Texte mit starken visuellen und auditiven Elementen, analysieren Filme, Hörbücher und Comics mit großem Gewinn. Doch der analytische Blick auf die aus technischer Entwicklung generierten Veränderungen fällt vielfach noch schwer, besonders eine kritische Auseinandersetzung mit zunehmend von Maschinen generierten Informationen, als würden die Deutungskompetenzen der Textanalyse hier versiegen. Im Gegensatz dazu denke ich, dass die spezifischen Möglichkeiten der Literatur und der literaturwissenschaftlichen Textanalyse uns gut auf die veränderten Wahrnehmungsdispositive vorbereiten können, die im Zeitalter der künstlichen Intelligenz entstehen und entstehen werden. Diese These möchte ich im Folgenden anhand von zwei literarischen Verfahren belegen: der Verfremdung und der Familiarisierung von Informationen in der Literatur. Doch zunächst müssen wir den Fokus auf die Maschinen richten.

Wenn Menschen über die Intelligenz von Maschinen nachdenken, dann werden zur Beschreibung oft menschliche Kategorien verwendet. Umgekehrt wird menschliche Intelligenz häufig daran gemessen, wie schnell abstrakte Denkprozesse durchgeführt werden, also Arbeitswege, die eigentlich der Logik von Maschinen entsprechen. In Filmen werden sehr schlaue Figuren mit fotografischem Gedächtnis oder außergewöhnlicher Merkfähigkeit ausgestattet – das menschliche Äquivalent zu einer sehr großen Festplatte –, oder sie werden als schnelle Analytiker dargestellt, bestückt mit einem hohen Arbeitsspeicher und der Fähigkeit, komplexe Prozesse rasch zu entschlüsseln. Nicht zufällig sind diese Figuren dann oft eher schwierig im sozialen Umgang, manchmal sogar isoliert, denn Maschinen haben keine Gefühle, und den Zuschauern erschließt sich die Intelligenz der Figur besonders gut, wenn sie an die Intelligenz von Maschinen angelehnt ist.

Der Entwickler und Technikphilosoph François Chollet schrieb am 9. Juli 2019 auf Twitter, eines der größten Probleme in der Arbeit mit künstlicher Intelligenz sei, dass menschliche Intelligenz anhand von mentalen Analogien beschrieben werde, die sich an den jeweiligen Stand der Technik anlehnen.[1] Das bedeutet, unser Verständnis von menschlicher Intelligenz ist eng verknüpft mit den Möglichkeiten von Maschinen und wandelt sich demnach auch mit technologischen Entwicklungen und Fortschritten. Interessanterweise findet sich bereits in dem Begriff »künstliche Intelligenz« eine Anthropomorphisierung von Maschinen, deren Leistungsfähigkeit zwar künstlich ist, aber eben dennoch mit der menschlichen Wertungskategorie »Intelligenz« bezeichnet wird. Maschinelle und menschliche Intelligenz sind also alles andere als leicht voneinander abzugrenzen, auch wenn Menschen sich für die Abgrenzung brennend interessieren.

Als der IBM-Schachcomputer Deep Blue im Jahr 1996 Garri Kasparow besiegte, wurde rasch behauptet, dass die Analyse der Zugmöglichkeiten zwar mit höherer Rechenkompetenz der Maschine immer besser werden würde, der eigentliche Prüfstein für die Vergleichbarkeit der Intelligenz von Computern und Menschen aber sowieso nicht das Schachspiel sei, sondern das chinesische Strategiespiel Go. Als ob Teilnehmer eines zuvor klar definierten Wettlaufs nach dem verlorenen Rennen schnell versucht hätten, die Regeln zu ändern, um weiter auf ihrem Standpunkt, dass die Intelligenz von Maschinen der von Menschen eben unterlegen sei, beharren zu können. Es dauerte dann knapp zwei Jahrzehnte, bis das Computerprogramm AlphaGo erstmalig einen professionellen Go-Spieler schlug. Entwicklungen im Deep Learning, das auf neuronalen Netzwerken aufbaut, hatten diesen Erfolg möglich gemacht. Plötzlich sind auch Aufgaben, die zuvor für Computer schwer zu lösen waren, während sie Menschen weniger Probleme bereiteten, von den selbst lernenden neuronalen Netzwerken zu knacken.

Große Fortschritte macht diese Technologie vor allem in Bereichen der Sprach- und Bildererkennung. Besonders die Generierung künstlicher Bilder ist eng mit einer 2014 entwickelten Technik verknüpft, die sich Generative Adversarial Networks (GANs) nennt und einen Teilbereich der Entwicklungen im Feld der künstlichen Intelligenz bildet. Hierbei trainieren sich zwei unabhängig voneinander lernende neuronale Netzwerke gegenseitig, so wird die Qualität der entstehenden Daten rasch und entschieden verbessert. Man kann das Zusammenspiel der beiden Netzwerke, die Generator und Discriminator genannt werden, gut mit einem Beispiel illustrieren: Stellen wir uns ein GAN vor, das darauf trainiert werden soll, auf Bildern Früchte zu identifizieren. Der Generator versucht, Bilder mit Früchten zu generieren, die anschließend dem Discriminator gezeigt werden. Dabei werden sowohl die künstlich generierten Früchte vorgelegt als auch Bilder von echten Früchten. Der Discriminator muss anhand der Bilder erkennen, welche Früchte *real* und welche *fake* sind. So geht es hin und her, während der Generator immer besser darin wird, künstliche Früchte zu erzeugen, wird der Discriminator immer besser darin, diese künstlichen Früchte von den realen Früchten zu unterscheiden. Wichtig ist, dass dieser Lernprozess für das jeweilige GAN spezifisch ist. Das bedeutet, zwei GANs, die parallel trainiert werden, schlagen unterschiedliche Wege ein und werden nicht zu denselben Resultaten führen.

Interessant ist, dass zum Zeitpunkt der Entstehung dieses Artikels – das ist wichtig zu betonen, denn die Entwicklungen sind so rasch, dass bereits wenige Monate einen Unterschied machen können – die Anwendung von maschinellem Lernen auf die Generierung von Literatur noch nicht sehr weit fortgeschritten ist und sprachlich interessante Resultate besonders dann entstehen, wenn per GAN erzeugte Bilder automatisch klassifiziert werden.[2] Auch wenn das erste von einer künstlichen Intelligenz, die von Ross Goodwin programmiert wurde, geschriebene Buch mit dem Titel *1 The Road* bereits 2018 erschienen ist, so sind die literarischen Erzeugnisse, die bis jetzt generiert wurden, nicht so weit fortgeschritten oder ähnlich beeindruckend wie die von künstlichen Intelligenzen generierte Bildkunst. Diese Unterschiede hängen auch mit den verfügbaren Datensets zusammen, anhand derer die neuronalen Netzwerke trainiert werden können.

François Chollet schreibt deswegen, dass die aktuelle Metapher für menschliche Intelligenz die eines frischen neuronalen Netzwerks sei, das wesentliches Wissen und Fähigkeiten aus Trainingsdaten ziehen müsse.[3] Gleichzeitig stehen die Menschen nun unter dem Druck, neue Prüfsteine zu formulieren, anhand derer sie sich ihrer Überlegenheit gegenüber Computern versichern können. Deswegen wird gerne darauf verwiesen, dass die künstlichen Intelligenzen mittlerweile vielleicht sehr gut Schach oder Go spielen können, aber menschliche und das bedeutet in diesem Kontext oftmals künstlerische Kreativität ihnen noch nicht so einfach zugänglich sei. Eine künstliche Intelligenz wird kein Shakespeare sein und niemals die kreative Genialität großer Dichterinnen und Dichter emulieren können – ein angenehmes Gedankengebäude, das jedoch bei etwas Piksen recht schnell in sich zusammenfällt.

Bevor wir diese so beruhigende Idee, die uns immerhin suggeriert, dass wir ein Refugium menschlicher Genialität zwischen Buchdeckeln finden, wenn schlaue Computer die Weltherrschaft übernommen haben, auseinandernehmen, machen wir einen Exkurs zum Verhältnis von Literatur und Intelligenz: Worin genau besteht die spezifisch literarische Intelligenz, die sich angeblich von der künstlichen nicht emulieren lässt?

Die Handlungsorientierung von Intelligenz und Literatur

Die Kultur- und Literaturwissenschaften sind methodische Allesfresser. Diese Omnivorie zeigt sich daran, dass man sich aus einer Vielfalt an Bereichen großzügig bedient, wenn es dabei hilft, den Gegenstand besser zu verstehen. Kultur- und Literaturtheorien lassen und ließen sich von verschiedensten ideengeschichtlichen Entwicklungen und Wissensbereichen inspirieren. Begriffe werden übernommen, nach Bedarf umgeformt, fachfremde Konzepte dienen als Inspiration, werden abgewandelt und verändert – ein Zeichen für die große denkerische Dynamik und Offenheit der Geisteswissenschaften. Es ist daher also gar nicht so ungewohnt, probehalber das Konzept »Intelligenz«, das seinen Ursprung in der Psychologie hat, auf die Literatur anzuwenden und zu schauen, welchen Erkenntnisgewinn dieser Transfer bieten kann.

Der Intelligenzbegriff ist trotz seiner weitläufigen Gebräuchlichkeit nur schwer zu definieren. Diese begriffliche Vagheit führt dazu, dass einer Vielfalt von umstrittenen Intelligenzdefinitionen in der Theorie eine alltagssprachliche Verwendung gegenübersteht, die sich vor allem durch Pragmatismus auszeichnet. Intelligenz lässt sich nicht anhand einzelner Merkmale bewerten und muss stattdessen aus dem Verhalten eines Individuums in verschiedenen Kontexten erschlossen werden. Intelligenz wird also erst in Handlungen sichtbar. Das breite Spektrum an Intelligenztheorien und Ansätzen erfordert eine methodische Präzisierung, die deutlich macht, welcher Aspekt des Begriffes in den Fokus genommen wird.

Die Wertungskategorie Intelligenz steht in einem nicht exakt definierten Verhältnis zur menschlichen Leistungsfähigkeit, wird oft als Selektionskriterium oder als lobens- und beneidenswertes Attribut verwendet. Es gibt seit mehreren Jahrzehnten verschiedene Klubs und Organisationen, beispielsweise Mensa International oder Intertel, in die nur Menschen aufgenommen werden, die ihre Intelligenz in standardisierten Tests bewiesen haben. Obwohl diese Tests umstritten sind und unklar bleibt, was die Funktion einer solchen Vernetzung besonders intelligenter

Menschen sein soll, gibt es scheinbar genug Interessenten für Mitgliedschaften. Mit Bezug auf diese Leistungskomponente des Intelligenzbegriffes ließe sich fragen, ob ein literarischer Text überhaupt intelligent sein kann. Sind die intelligentesten literarischen Texte diejenigen, die mit den renommiertesten Preisen versehen wurden, oder doch eher die mit den größten Verkaufszahlen? Ist der Nobelpreis für Literatur so etwas wie ein Mensa-Klub für Autorinnen und Autoren? Sind literarische Texte erst dann besonders intelligent, wenn sie erfolgreich soziale oder politische Wirksamkeit entfalten?

Mit dieser Vorannahme wäre beispielsweise der 2011 veröffentlichte erotische Roman *Fifty Shades of Grey* der britischen Autorin E. L. James ein besonders intelligenter Text, hat er doch nicht nur weit über 100 Millionen Exemplare weltweit verkauft, sondern auch noch erheblichen Einfluss auf die sexuellen Praktiken einer Vielzahl seiner Leserinnen und Leser ausgeübt. Auch der Antikriegsroman *Im Westen nichts Neues* von Erich Maria Remarque aus dem Jahr 1929 war ein Bestseller, der zudem noch in zahlreiche Sprachen übersetzt wurde und bei den Nationalsozialisten auf heftigen Widerstand stieß, sodass Remarque direkt nach der Machtübernahme ins Exil gehen musste. Somit müsste auch dieser Roman ein gutes Beispiel für die Intelligenz der Literatur sein. Obwohl es unzweifelhaft ist, dass diese exemplarisch genannten Romane großen Anklang gefunden haben, zeigt bereits die Disparität der beiden Texte, dass eine rein quantitative Betrachtung von Reichweite und Resonanz literarischer Texte zwar Rückschlüsse auf ihren Kontext zulässt, jedoch kaum Aussagen über das spezifisch Literarische erlaubt oder gar eine Definition einer Intelligenz der Literatur zulässt. Die Frage nach einer Intelligenz der Literatur muss beantwortet werden, ohne dabei auf die einfachen quantitativ messbaren Parameter wie Auflagenzahl, Verkauf oder Reichweite zurückzugreifen.

Wie Intelligenz lässt sich auch Literatur durch eine handlungsorientierte Betrachtung definieren. Was als gute oder schlechte Literatur kategorisiert wird und was überhaupt als literarisch gelten darf, ist nicht fixiert, sondern kontextabhängig. Durch die Dynamik der Wertungskriterien können sich auch rückwirkend die Einordnung und der Blick auf literarische Texte verändern. Dies wird besonders deutlich, wenn man Kanonisierungsprozesse betrachtet, denn die sich ständig verändernde Definition von Literatur ist auch einer der Gründe, warum sich der Kanon konstant wandelt. Was Zeitgenossen als wichtigste literarische Texte definieren, ist nicht in Stein gemeißelt und kann in späteren Zeitepochen völlig anders betrachtet werden.

Aus der Handlungsorientierung des Intelligenzbegriffes und der performativen Aushandlung unseres Verständnisses von Literatur lässt sich die These ableiten, dass die Intelligenz der Literatur aus der Auseinandersetzung mit ihr entsteht, dem Lesen literarischer Texte, den Gesprächen über Literatur und den in ständiger Bewegung sich befindlichen Kriterien dessen, was wir als gute oder schlechte Literatur beschreiben würden: Doing Literature!

Die Intelligenz literarischer Texte und ästhetischer Texte insgesamt ist also nicht in den Texten selbst verankert ist, sondern in unserem Umgang mit ihnen. Das ist keine großartig neue Erkenntnis, ohne das Wissen um diese Tatsache hätte Marcel Duchamp kein Pissoir spielerisch als Kunstwerk deklarieren können, und auch die vielen literarischen Spielarten, in denen Alltagstexte in den Text eingewoben werden, von Einkaufszetteln bis zu Zeitungsausschnitten, verweisen auf dieses Phänomen. Das bedeutet, die beruhigende Vorstellung unfähiger künstlicher Intelligenzen, die ihre Prozessoren glühen lassen im verzweifelten Versuch, ein gelungenes Sonett zu schreiben, läuft ins Leere. Menschen sind sogar nachweislich schlecht darin, die Qualität von menschlicher oder computergenerierter Kunst auseinanderzuhalten. Kathrin Passig beschreibt ein Szenario, in dem amerikanische Forscher ihren Probanden computergenerierte Bilder und Bilder der Kunstmesse Art Basel vorlegten: »In der Mehrheit der Fälle fanden sie die generierten Bilder sogar origineller und ästhetisch ansprechender.«[4]

Homo narrans – Erzählen als anthropologische Konstante

Wenn wir die Intelligenz der Literatur aus menschlichen Handlungen nachvollziehen wollen, dann lohnt es sich, da zu beginnen, wo die Literatur ihren Anfang nimmt, nämlich im menschlichen Erzählbedürfnis. Erzählen erfüllt als anthropologische Konstante eine wichtige Funktion, denn indem wir erzählen, leisten wir wesentliche Arbeit an der Ausbildung unserer individuellen wie unserer kollektiven Identität. Wir erzählen uns nicht nur unser eigenes Leben, indem wir unsere Persönlichkeiten oder unsere Entscheidungen anhand unserer Biografie plausibel machen, sondern formulieren erzählerisch auch Bilder von der Gesellschaft, in der wir leben oder einmal leben wollen.

Versuchte noch zu Beginn der 1990er-Jahre der Literaturwissenschaftler Wolfgang Iser, das Bedürfnis des Menschen nach erdachten Welten mit dem anthropologisch ausgerichteten Konzept des Fiktionsbedürfnisses zu erläutern, so ist diese Perspektive mittlerweile auf das Erzählen selbst ausgeweitet worden. Die Formulierung eines Homo narrans, des erzählenden Menschen, hat sogar Spuren in den Naturwissenschaften hinterlassen, wenn beispielsweise der Biologe Werner Siefert 2015 ein Buch mit dem Titel *Der Erzählinstinkt* verfasst und damit das Bedürfnis des Menschen, zu erzählen, auf der ganz elementaren Ebene des Instinkts verortet. Diese Argumentationslinie verfolgten auch die Literaturwissenschaftler Brian Boyd, mit seinem Buch *On the Origin of Stories. Evolution, Cognition, and Fiction*, und Jonathan Gottschall, mit *The Storytelling Animal. How Stories Make Us Human*. Wir erzählen ständig – ob es der kurze Bericht über den lustigen Hund in der Bäckerei ist, eine berührende Kindheitserinnerung oder eine nachdenkliche Geschichte, die unsere Einstellung zu einem bestimmten Thema verdeutlichen soll. Dieses ganz elementare menschliche Erzählbedürfnis ist unabhängig von dem Realitätsgehalt des Erzählten, betrifft sowohl faktuales als auch fiktionales Erzählen.

Besonders die Fiktion ermöglicht es den Rezipierenden, sich auf eine große Vielfalt an Geschichten einzulassen. Es fällt uns beispielsweise leichter, die aus der Täterperspektive erzählte Geschichte eines Kindermordes oder eines blutigen Racheaktes zu akzeptieren, wenn wir um die Fiktionalität des Erzählten wissen. Fiktive Welten eröffnen Gedankenräume, in denen Menschen einerseits qua Identifikation mit einer Figur oder Erzählinstanz spielerisch Identitäten ausprobieren können und sich andererseits durch Perspektivenwechsel im Verstehen der Motivationen und Beweggründe fiktiver Figuren üben können. Deswegen zeigt sich die Literaturwissenschaft zunehmend interessiert an einer Analyse der Erzählstrategien, die bei den Lesenden Empathie, Identifikation oder Mitgefühl begünstigen oder unterlaufen.

Das Eintauchen in fiktive Welten als Schulung sozialer Kompetenzen hat einen ganz konkreten gesellschaftlichen Nutzen. Bereits Marcel Proust schrieb in *Auf der Suche nach der verlorenen Zeit* über diese spezifischen Möglichkeiten der Kunst: »Durch die Kunst nur vermögen wir aus uns herauszutreten und uns bewußt zu werden, wie ein anderer das Universum sieht, das für ihn nicht das gleiche ist wie für uns und dessen Landschaften uns sonst ebenso unbekannt geblieben wären wie die, die es möglicherweise auf dem Mond gibt.«

Die Intelligenz der Literatur, die aus dem menschlichen Umgang mit literarischen Texten resultiert, resultiert damit aus einer Verfremdung der eigenen Weltsicht. Literarische Texte ermöglichen es den Lesern also, mit anderen Wertesystemen und Weltsichten konfrontiert zu werden, Differenz und Mehrdeutigkeit nicht nur wahrzunehmen, sondern auch auszuhalten – beim Lesen von Literatur lässt sich Ambiguitätstoleranz üben.

Interessanterweise wird eben diese Mehrdeutigkeit den aus künstlicher Intelligenz generierten Entscheidungen meist aus technikskeptischer Perspektive abgesprochen. Ein gutes Beispiel dafür findet sich in dem Essay *Die Vereindeutigung der Welt. Über den Verlust an Mehrdeutigkeit und Vielfalt* des Islamwissenschaftlers Thomas Bauer. Er schreibt in seinen Überlegungen zu einem Maschinenmenschen in einer von künstlichen Intelligenzen gesteuerten posthumanistischen Welt: »Im Maschinenmenschen sind alle auf Ambiguitätsintoleranz gründenden

Utopien des Fundamentalismus verwirklicht: die Wahrheitsobsession, weil nun eine übermenschliche Wahrheitsinstanz waltet, die Geschichtsverneinung, weil die neue Maschinenwelt die alte, verworrene Welt vollständig ablöst, und das Reinheitsstreben, weil kein Zweifel, keine Unentschiedenheit mehr den reibungslosen Gang der Maschine beeinträchtigt. Wem dies keine attraktive Zukunftsperspektive ist, muss nach einem Gegengift suchen, das Ambiguitätslust steigert.«[5]

Wenn die Intelligenz der Literatur auch darin begründet ist, dass sie zu einer gesteigerten Ambiguitätstoleranz führt, also die Lesenden darin schult, Mehrdeutigkeit und Ambivalenz zu ertragen, dann wäre die Literatur ein Gegenpol zu Bauers Schilderung der Funktionsweise einer Welt, die von künstlichen Intelligenzen gesteuert wird. Literatur wäre aus dieser Perspektive ein Refugium für Ambiguität in einer vereindeutigten Maschinenwelt.

Die Frage ist jedoch, ob sich die von künstlicher Intelligenz generierten neuen Wahrnehmungsbedingungen wirklich durch geringere Komplexität beschreiben lassen oder ob nicht momentan eher eine erheblich mehrdeutigere Welt geschaffen wird. Eine Realität, in welcher ein Verlust der Eindeutigkeit durch einen gravierenden epistemologischen Wandel bedingt wird, der im weitesten Sinne mit unserem Verhältnis zu Fakt und Fiktion, Realem und Fake zu tun hat. Es lohnt sich, dahin zu schauen, wo sich Literatur und GANs treffen, wo also produktive Mehrdeutigkeit auf angenommene Eindeutigkeit trifft.

Im Gruselgraben von BigGAN

In den frühen 1970er-Jahren prägte der japanische Roboterspezialist Masahiro Mori einen Begriff, der einige Jahre später als »uncanny valley« ins Englische übersetzt wurde. Das unheimliches Tal oder auch Gruselgraben genannte »uncanny valley« beschreibt das Phänomen, dass menschenähnliche Objekte, beispielsweise Roboter oder Avatare, bei sehr erfolgreich, aber noch nicht perfekt umgesetzter Menschlichkeit in den

Beobachtern ein Gefühl des Ekels und des Unwohlseins erzeugen. Dieses Unbehagen lässt sich auf einer Sympathiekurve als Tal darstellen, das kurz vor der perfektionierten Menschenähnlichkeit auftaucht. Im Deutschen wird dieses Phänomen daher auch als Akzeptanzlücke bezeichnet. Bereits in einem Aufsatz von Ernst Jentsch aus dem Jahr 1906, auf den sich später auch Sigmund Freud bezog, wurde das Unheimliche anhand der Unsicherheit definiert, die Menschen empfinden, wenn ihnen unklar ist, ob das Gegenüber menschlich oder nur ein menschlich wirkender Automat ist.

Auch die aus GANs resultierenden Bilder fiktiver Menschen, die nur als computergenerierte Wesen existieren, erzeugen teilweise Gefühle aus dem unheimlichen Tal. Dazu gehören beispielsweise verrutschte Accessoires, wie halbe Brillen oder Kopfschmuck, und auch absonderlich generierte Gesichtstätowierungen oder verschobener Schmuck produzieren einen unangenehmen Eindruck von Künstlichkeit. Während die Entwickler der jeweiligen neuronalen Netzwerke natürlich besonders darauf erpicht sind, ihre größten Erfolge zu zeigen, und dabei die vielen Resultate, die weniger beeindruckend, absonderlich oder unheimlich sind, unter den Tisch fallen lassen, interessieren sich besonders Künstler für die Diversität der von GANs erzeugten Bilder und spielen mit den Trainingsparametern der Netzwerke, nicht, um besonders überzeugende künstliche Bilder zu generieren, sondern um das ästhetische Potenzial solcher Bilder auszutesten.

Der erfolgreiche deutsche Künstler Mario Klingemann teilt unter dem Handle @quasimondo auf Twitter regelmäßig Resultate aus seiner Arbeit mit GANs, die oft eindeutig im Gruselgraben angesiedelt sind. Aus literaturwissenschaftlicher Sicht sind besonders die Bilder in einem am 18. November 2018 gestarteten Twitter-Thread interessant, da er dort erprobt, wie erzählerische Konventionen es den Lesenden ermöglichen, einen Weg aus dem unheimlichen Tal zu finden.[6]

Der aus 23 bebilderten Tweets bestehende Thread startet mit einem Tweet, der zwei Bilder menschenleerer Landschaften zeigt, in denen jeweils ein sonderbares, beinahe surrealistisch anmutendes Bauwerk steht.

Dazu schreibt Klingemann: »Found a hideaway in the wastelands of #BigGAN.« Erzählerisch folgt er in seinen Tweets, die passend zu den Bildern formuliert sind, den Konventionen von Scifi-Berichten mit dystopischer Ausrichtung: Er berichtet von der Suche nach Nahrung und Unterschlupf, stellt einen gefiederten Begleiter vor, entdeckt sonderbare Hieroglyphen, bis schließlich die Betätigung eines Apparates zur Landung fremder Wesen führt. Genretypisch wird hier Spannung aufgebaut, es werden bestimmte Erzählkonventionen abgerufen und wird mit der Unheimlichkeit des Unbekannten gespielt. Mehrwert entsteht besonders aus der Verknüpfung gängiger Erzählkonventionen mit den computergenerierten Bildern, die zum Teil unheimlich bis verstörend sind. Klingemann bezeichnet eines der generierten Lebewesen, das aussieht wie ein kugelförmiges Pelztier, als »tumbleweasel«, formuliert also einen Neologismus aus den Wörtern »tumbleweed« und »weasel«. So wird das unheimliche artifizielle Lebewesen, das verstörend bekannt und gleichzeitig sehr fremd aussieht, mit etablierten Verfahrensweisen als Figur in einem literarischen Text benannt und in einen in seiner Musterhaftigkeit bekannt wirkenden Erzählkontext eingebaut.

Literatur kann also nicht nur verfremdend wirken und so den Horizont der Lesenden erweitern, wie ich es zuvor ausgeführt habe, sie kann auch familiarisieren und beispielsweise die Fremdheit von mit künstlicher Intelligenz generierten Bildern in menschliche Erzählkonventionen überführen. Interessanterweise macht so gerade der Familiarisierungseffekt der Literatur die Fremdheit der künstlichen Intelligenz überhaupt erst erträglich. Diese Möglichkeit hat besonders das literarische Erzählen, weil hier schon immer und ganz grundsätzlich im Prozess der Fiktionalisierung die Grenzen der Realität aufgehoben wurden. Deswegen sind auch die eigentümlichen Erzeugnisse der künstlichen Intelligenz kein Hindernis für die Aufnahme in die grenzenlose Welt der Fiktion. Die Mehrdeutigkeit und Ambivalenz der Fiktion hilft uns, die Uneindeutigkeit der künstlichen Intelligenz zu verstehen und auszuhalten, dem epistemologischen Wandel, bei dem Fakt und Fiktion zusehends verschmelzen und nicht mehr klar voneinander abzugrenzen sind, konstruktiv zu begegnen. Vielleicht liegt die Intelligenz der Literatur im Verhältnis zur künstlichen Intelligenz genau darin, uns in einer Wahrnehmung zu schulen, die uns auf eine Realität voller Deepfakes vorbereitet.

Deepfakes und Fiktionskompetenz

Aus den zuvor geschilderten technischen Entwicklungen im Bereich der künstlichen Intelligenz entstanden beispielsweise GANs, die sehr erfolgreich darin sind, Porträts künstlicher Menschen zu erschaffen oder anhand von Mimikmustern aus einem großen Datenkorpus statische Bilder beweglich zu machen.[7] Die Videoclips und GIFs mit einer sich bewegenden Mona Lisa oder einem zu sprechen scheinenden Dostojewski wurden eifrig in den sozialen Netzwerken geteilt und verweisen auf ein neues Problem, das aus der rasanten Verbesserung der technischen Möglichkeiten entsteht: Die trainierten neuronalen Netzwerke können extrem real wirkende Fakes hervorbringen, sogenannte Deepfakes.

Die Möglichkeiten der Diskursverschiebung, die sich beispielsweise aus der propagandistischen Anwendung solcher Deepfake-AIs ergeben, sind momentan noch kaum überschaubar, und die Geschwindigkeit der technischen Entwicklung trifft auf eine Gesellschaft, die mit einer kontextuellen Einordnung von Informationen als *real* oder *fake* in weiten Teilen überfordert ist. Für eine Wahrnehmung, die sich an die aktuellen technischen Möglichkeiten angepasst hat, die also sensibilisiert ist für die epistemologische Krise der Grenzverwischung von Fakt und Fiktion, benötigen wir eine erheblich gesteigerte Fiktions- und Deutungskompetenz, die sich der Verfremdungs- und Familiarisierungsmöglichkeiten des Erzählens bewusst ist. Indem wir uns souverän in fiktiven Welten bewegen, Texte in Bezug auf ihre Fiktions- und Faktualitätssignale analysieren lernen und uns auch mit den Möglichkeiten vertraut machen, mit denen Texte unsere Wahrnehmung lenken, unsere Emotionen manipulieren, immersiv wirken oder anderen Einfluss auf die Rezeption nehmen, erarbeiten wir uns Schlüsselkompetenzen in der Deutung von Texten.

Außerdem trainieren die neuronalen Netzwerke anhand von Datensätzen, die in ihrer Struktur die gesellschaftlichen Muster mit all ihrer Vielfalt an struktureller Diskriminierung mit abbilden. Die aus künstlicher Intelligenz entstehenden Lösungen sind also beileibe nicht wertneutral oder objektiv, sondern halten im Gegenteil unserer Gesellschaft einen Spiegel vor, in dem beispielsweise die hässliche Realität von Rassismus und Sexismus sehr deutlich sichtbar wird. Zum Beispiel stellten Nutzer entsetzt fest, dass Googles Algorithmus die Fotos schwarzer Menschen als »Gorillas« klassifizierte.[8] Wenn die Daten, mit denen die Bildklassifizierung trainiert wird, ein rassistisches Bias haben, dann wird auch die entstehende Anwendung dieses Bias reproduzieren. Doch nicht nur die Datensätze sind ein Problem, auch die Anwendungen neuer Technologien zeichnen ein mitunter erschreckendes Bild unserer Gesellschaft. Zahlreiche der initialen Anwendungen von Deepfakes widmeten sich der Aufgabe, die Gesichter von prominenten Frauen in pornografische Clips einzubauen. Auch die aus trainierten GANs resultierende App »DeepNude«, die Fotografien bekleideter Frauen in Nacktfotos umwandelt, zeigt die Möglichkeiten eines Missbrauchs der neuen Technologie.

Der kritische Umgang mit den Informationen, die auf uns einprasseln, erfordert eine an die aktuellen technischen Möglichkeiten angepasste Wahrnehmung, die sich auch mit dem manipulativen Potenzial auseinandersetzt, das einer gesteuerten Vergabe von Informationen inhärent ist. Die Nachrichten, die mir in meinem Feed der sozialen Medien angezeigt werden, können meine Stimmung und meine Meinung erheblich beeinflussen. Die Fähigkeit, literarische Texte mit Bezug zu ihren Kontexten zu analysieren, zu beobachten, wie sie sich gegenseitig beeinflussen, hilft uns dabei, einen kritischeren und bewussteren Blick auf Informationen und ihr Umfeld zu entwickeln. Wer die Resultate maschineller Intelligenz kritisch einordnen möchte, muss über grundlegendes kultursemiotisches Handwerkszeug verfügen und erkennen, welche gesellschaftlichen Strukturen von Technik reproduziert und bestätigt werden. Dies ist eine Fähigkeit, die bei der Analyse literarischer

Texte als Produkt ihrer Kontexte stark eingeübt wird. Im kritischen und literaturwissenschaftlich fundierten Umgang mit Literatur können wir demnach Deutungskompetenzen erwerben, die uns befähigen, mit den aus der Digitalisierung und aktuellen technischen Entwicklungen resultierenden Veränderungen produktiv umzugehen. Die Intelligenz der Literatur war vielleicht noch nie so wichtig, wie sie es heute ist, in einer digitalen Umwelt, in der Deutungskompetenz die Schlüsselkompetenz überhaupt ist.

In einem Artikel mit dem Titel »Dear Humanists: Fear Not the Digital Revolution« schreibt der amerikanische Literaturwissenschaftler Ted Underwood, dass die Geisteswissenschaften sich mit dem maschinellen Lernen vertraut machen sollten, weil es dabei helfe, zu verstehen, wieso die Abgrenzung zwischen quantitativer und qualitativer Logik zusehends verwische.[9] Diese These gilt jedoch auch in umgekehrter Richtung: Die Intelligenz der Literatur kann uns dabei helfen, das Zeitalter der künstlichen Intelligenz besser zu verstehen und souveräner zu navigieren.

Anmerkungen

1 https://twitter.com/fchollet/status/1148659835052802049

2 https://twitter.com/quasimondo/status/1063025077825011714

3 https://twitter.com/fchollet/status/1148660145590636544

4 Kathrin Passig: *Vielleicht ist das neu und erfreulich. Technik. Literatur. Kritik.* Graz 2019.

5 Thomas Bauer: *Die Vereindeutigung der Welt: Über den Verlust an Mehrdeutigkeit und Vielfalt.* Ditzingen 2018, S. 96.

6 https://twitter.com/quasimondo/status/1064230996793614338

7 Egor Zakharov et al. (2019): »Few-Shot Adversarial Learning of Realistic Neural Talking Head Models«, https://arxiv.org/abs/1905.08233v1?utm_campaign=Data_Elixir&utm_source=Data_Elixir_235

8 https://www.theverge.com/2018/1/12/16882408/google-racist-gorillas-photo-recognition-algorithm-ai

9 »It is important for humanists to know how machine learning works, not because we all need to use it, but because it will help us understand why the boundary between quantitative and qualitative reasoning is growing fuzzier.« Ted Underwood: »Dear Humanists: Fear Not the Digital Revolution«, in: *The Chronicle of Higher Education,* 27 (2019).

Natalie Sontopski

Hey Siri?!

Wie KI tradierte Rollenmuster zementiert

Wir haben es geschafft: Wir sind in der Zukunft angekommen. Beiläufig fragen wir: »Siri, wie ist das Wetter heute?«, fordern: »Alexa, spiel Radio!« oder erkundigen uns: »Cortana, wie viel Uhr ist es?«, und wie durch Magie liefern uns die digitalen Stimmen Antworten oder spielen Musik. Wir können uns mit Fragen und Problemen Trost suchend an die virtuelle Schulter einer Alexa oder Siri lehnen, die mit konstanter Freundlichkeit und unendlicher Geduld Routen plant, sich um Restaurantreservierungen kümmert, Termine speichert und mit erstaunlichem Witz und entwaffnendem Charme auch zehnmal hintereinander Fragen nach ihrem Lieblingstier, ihrer Lieblingsfarbe oder ihrem Freund beantwortet.

Vom Standpunkt dieser einst utopischen und nun realen Zukunft blicken wir zurück auf eine ganze Kulturgeschichte voller Mythen und Narrative, in denen mit der Idee von künstlicher Intelligenz geflirtet wird: Angefangen bei Pygmalion und Galatea, dem Prager Golem oder Frankenstein hin zu cineastischen Phantasmen wie *Metropolis*, *Terminator*, *Her*, *Ex Machina* oder der Serie *Westworld* – unsere Faszination für künstlich erschaffene Intelligenz erweist sich als allgegenwärtig. In all diesen Narrativen konkurriert der dem Schaffensakt immanente wissenschaftliche Genius mit der Angst, dass sich die geschaffene Intelligenz gegen den eigenen Schöpfer wendet und Tod und Zerstörung bringt. Zum Glück sind wir bisher an der Entwicklung eines Terminators gescheitert und müssen uns stattdessen nur mit digitalen Assistentinnen auseinandersetzen. Und heimlich müssen wir uns eingestehen, dass es erleichternd ist, dass die lang ersehnte künstliche Superintelligenz eine angenehme Stimme aus unserem Smartphone ist und kein tödlicher Kampfroboter.

Alles gut also? Nicht ganz. Science-Fiction-Narrative in Film und Literatur scheinen uns für die Apokalypse sensibilisiert zu haben, sodass sich die Diskussion über KI oft um die Frage dreht, was passiert, wenn wir den Punkt der Singularität erreichen. Unter diesem Begriff wird der Zeitpunkt verstanden, an dem Maschinen sich dank KI dermaßen schnell optimieren sowie den technischen Fortschritt so rasant anschieben können, dass die Zukunft der Menschheit nach diesem Punkt nicht mehr vorhersehbar ist. Wäre die erste hochintelligente Maschine womöglich die letzte Erfindung, die wir Menschen machen würden? Würden wir von Supercomputern versklavt werden? So neugierig uns diese Fragen machen, sie klammern einen bedeutenden Aspekt aus: Wir können diese Zukunft aktiv selbst gestalten, indem wir uns jetzt mit politischen und sozialen Dimensionen künstlicher Intelligenz auseinandersetzen. Dazu gehört auch, eine Zwischenbilanz zu ziehen und bestehende Formen von KI zu nutzen, um uns – den Schöpfern – den Spiegel vorzuhalten: Nach welchen Maximen wurden Programmierungen angelegt und welche Rückschlüsse lässt eine Analyse derselben über den Zustand unserer Gesellschaft zu?

Am Anfang dieses Prozesses sollte eine Auseinandersetzung mit dem Begriff »Intelligenz« stehen – denn wenn wir schon mit diesem Begriff hantieren, sollten wir auch wissen, was er genau umfasst. Was genau ist Intelligenz? Wenn wir ehrlich sind, erkennen wir leicht, dass wir es im Moment zwar mit programmierbaren, aber ziemlich dummen Maschinen zu tun haben. Es steht noch in keiner Weise fest, dass – und wenn ja, wann – sich diese in die prophezeiten Supercomputer verwandeln werden. Statt also über Singularität zu fantasieren, sollten wir uns lieber fragen, ob wir uns im Hier und Jetzt von diesen »intelligenten« Maschinen wichtige Entscheidungen zu Bewerbungen oder Kriminalitätsprävention diktieren lassen wollen – beides Bereiche, in denen KI bereits Verwendung findet

Nach Beispielen, die eine Ahnung davon vermitteln, was in den Prozessen der KI-Entwicklung und Anwendung schieflaufen kann, sucht man denn auch nicht lange. Kürzlich erst sorgte ein von Amazon entwickelter Bewerbungsroboter, hinter dem eine KI steckt, für Schlagzeilen:[1] Dieses System hatte entdeckt, dass sich vor allem technikaffine Männer bewarben, und ging deswegen davon aus, dass diese Gruppe ein besonders hohes Interesse am Arbeitgeber Amazon hatte. Aus der Tatsache, dass es in der Technologiebranche mehr Männer als Frauen gibt, schlussfolgerte die KI, dass sich mehrheitlich Männer für Amazon begeistern. Woraufhin es begann, Frauen aus den Bewerbungen herauszufiltern. Wie kann es sein, dass eine neue Intelligenz mit alten Stereotypen verknüpft ist? War die Hoffnung nicht vielmehr, dass Maschinen neutral, objektiv und frei von den kognitiven Verzerrungen sind, die uns Menschen plagen? Wie intelligent ist KI überhaupt, wenn sie dermaßen unreflektiert unsere diskriminierenden Stereotype übernimmt? Und wie passen sexistische Diskriminierungen durch KI zu der Tatsache, dass KI »selbst« oftmals eine weibliche Identität besitzt, siehe zum Beispiel Alexa, Cortana oder Siri? Ist deren Weiblichkeit ein Kompliment an die Frau? Ganz nach dem im Moment beliebten Slogan »The Future is Female« auf unzähligen T-Shirts, Stickern und Jutebeuteln? Oder ist die Verbindung von KI und Weiblichkeit lediglich ein Spiegel bereits existierender gesellschaftlicher Machtasymmetrien?

Ab wann ist künstliche Intelligenz intelligent?

Um diesen Fragen näher zu kommen, müssen wir ein Stück zurücktreten und zunächst fragen: Was ist Intelligenz? Schon hier wird es kompliziert, wie die beiden KI-Wissenschaftler Shane Legg und Marcus Hutter in ihrem Aufsatz »A Collection of Definitions of Intelligence« feststellen:[2] Es gibt trotz Bemühungen durch die Forschungsgeschichte hindurch immer noch keine standardisierte Definition von Intelligenz. Deswegen haben sie eine Sammlung von rund 70 Definitionen zusammengetragen, aus denen hier einige zitiert werden sollen, um die Tragweite der Uneindeutigkeit fassbar zu machen: Laut dem *Encarta World English Dictionary* von 2006 ist Intelligenz zum Beispiel die Fähigkeit, Fakten zu lernen, Qualifikationen zu erwerben und diese anzuwenden. Die *Encyclopædia Britannica* aus dem Jahr 2006 definierte, dass Intelligenz nicht ein einziger mentaler Prozess ist, sondern vielmehr eine Kombination von mentalen Prozessen. Ein Random-House-Wörterbuch aus dem gleichen Jahr sieht Intelligenz als die Kapazität, zu lernen, zu verstehen sowie in der Lage zu sein, Wahrheiten, Beziehungen, Fakten und Bedeutungen in allen Facetten zu erfassen. Das *Longman Dictionary of Contemporary English* aus dem Jahr 2006 definiert Intelligenz ebenfalls als die Fähigkeit, zu lernen und zu verstehen, aber fügt noch das »Nachdenken über Dinge« hinzu. Der Psychologe Edwin Boring konstatiert, dass Intelligenz eben das sei, was bei Intelligenztests gemessen wird, während sein Kollege Herbert Woodrow davon ausgeht, dass Intelligenz die Kapazität ist, Kapazität zu erwerben. Das ist nur ein kurzer Auszug aller Definitionen, genug, um zu merken: Es ist knifflig. Vielleicht lädt der Begriff »Intelligenz« genau deswegen zu Spekulationen ein. Wenn wir uns allerdings nicht darauf einigen können, was exakt Intelligenz ist, anhand welcher Parameter wollen wir dann die von uns selbst geschaffene künstliche Intelligenz messen? Oder anders gefragt: Ab wann ist künstliche Intelligenz intelligent?

Diese Frage liegt der Entwicklung künstlicher Intelligenz zugrunde, seit der Mathematiker Alan Turing 1950 seinen bahnbrechenden Aufsatz »Computing Machinery and Intelligence« veröffentlich hat, in dem er erst fragte: »Können Maschinen denken?«, um dann zu konkretisieren: »Können Maschinen Denken imitieren?«.[3] Ihm nachfolgende KI-Wissenschaftler haben Intelligenz im Laufe der Zeit unterschiedlich definiert. Ray Kurzweil beispielsweise schreibt, dass Intelligenz die Fähigkeit ist, limitierte Ressourcen inklusive Zeit optimal zu nutzen, um Ziele zu erreichen.[4] Und der KI-Pionier Marvin Minsky definierte Intelligenz bei KI als die Fähigkeit, »harte« Probleme zu lösen.[5] Einig war man sich allerdings in den Bemühungen, Turings Frage zu beantworten. Grob eingeteilt entstanden dadurch zwei Wellen in der KI-Forschung: Die erste Welle konzentrierte sich auf KI als wissensorientiertes Projekt. Man betrachtete Forschungsobjekte, die Wissen akkumulierten und nach menschlichen Maßstäben anwendeten und nutzten. Die Forscher hinter den Projekten nahmen an, dass menschliches Wissen in explizit programmierbaren Regeln dargestellt werden kann. Sie hofften, durch ihre Forschung Fortschritte bei der Erforschung des menschlichen Bewusstseins zu machen. Allerdings blieb der erhoffte Durchbruch aus – es schien, dass sich Intelligenz in Form von zusammentragbarem Wissen doch nicht ohne Weiteres in künstliche Intelligenzen einprogrammieren ließ. Die zweite KI-Welle hat den Fokus ihrer Forschung deswegen weg von Wissensakkumulation hin zur Automatisierung gelegt. Es ging nun nicht mehr hauptsächlich um die Erforschung von Wissen, sondern darum, herauszufinden, wie sich enorm mächtige Automatisierungswerkzeuge programmieren lassen. Deswegen müssten wir heutzutage bei den meisten KI-Systemen nicht von »künstlicher Intelligenz«, sondern korrekterweise von »maschinellem Lernen« reden. Das Wort »Intelligenz« suggeriert, dass eine mit dem menschlichen Gehirn vergleichbare, denkende und wertende, digitale Entität am Werk ist, die eine Fragestellung selbständig aus einer Kombination juristischer, ethischer, sozialer und politischer Aspekte beleuchten kann. Gegenwärtig existierende KI kann zwar Schach spielen, bei *Jeopardy* Fragen beantworten und auf Zuruf Musik abspielen, aber auf der Grundlage eines in einem Menschenleben zusammengeflossenen Wissenspools antworten oder Wissensfragmente aus diesem Becken zueinander in Beziehung setzen und darauf abwägende Entscheidungen treffen, kann sie nicht.

Statt mit humanoiden Superintelligenzen haben wir es mit Algorithmen zu tun, die darauf trainiert werden, große Mengen an Daten nach Mustern zu durchleuchten. Dadurch kann eine Maschine zum Beispiel darauf trainiert werden, einen Baum, eine Katze oder ein bestimmtes Gesicht zu erkennen. Dafür übt die Maschine mit sogenannten Trainingsdatensätzen, die je nach Ergebnis kategorisierte Bilder von Bäumen, Katzen oder bestimmten Gesichtern enthalten, bis sie Baum, Katze oder

Gesicht in einer Flut von Daten korrekt identifizieren kann. Danach kann die Maschine dieses »Wissen« selbständig auf neue Daten anwenden – zum Beispiel im Rahmen einer Gesichtserkennungssoftware. Dazu beobachtet sie, sammelt selbst Informationen und erstellt Verknüpfungen – alles ohne menschlichen Input zwar, aber auf der Grundlage von menschengemachten Daten. Und so belegen konkrete Einzelfälle, dass maschinelles Lernen gerade nicht sonderlich »intelligent« ist: Die *New York Times* etwa bemängelte 2018 an Gesichtserkennungssoftware von IBM, Microsoft und Face++, dass die Technologie hervorragend bei weißen Männern funktioniere – Gesichter von schwarzen Frauen erkannte die Software allerdings in 35 Prozent der Fällen nicht. KI-Software ist nur so schlau wie die Datenmenge, mit der sie trainiert wird. Und wenn dieses Datenset aus geschätzt 75 Prozent männlichen und mehr als 80 Prozent weißen Personen besteht, lässt sich die Fehlerquote bei farbigen Frauen einfach erklären – gesellschaftliche Verzerrungen finden auf diese Weise leicht ihren Weg in die Handlungsoptionen der KI. KI-Technologie scheint also nicht nur in einen technologischen, sondern auch einen sozialen Kontext eingebettet zu sein und durch gesellschaftliche Machtdispositive beeinflusst zu werden.

Programmierte Ungleichheit

Der Leitspruch »The Future is Female« ist momentan ein echter Verkaufsschlager. Er prangt auf Oberteilen und Stickern, dient als Buchtitel, als Slogan, um Konferenzen zu bewerben, und generell im Sinne einer Beruhigung für Wirtschaft und Politik: So schlimm kann das gar nicht sein mit der Diskriminierung der Frau, die Zukunft ist schließlich weiblich, das lesen wir doch auf T-Shirts bei H&M! Weiblichkeit begegnet uns auch auf dem Feld der KI: Obwohl Maschinen an sich asexuell, geschlechtlos und neutral sind, sehen wir im Film kämpferische Fembots wie Ava aus *Ex Machina*, hören die fürsorgliche Stimme von Samantha in *Her* und begleiten Dolores in der TV-Serie *Westworld* auf ihrer Reise in ihre eigene Vergangenheit. Und im Alltag kommunizieren wir eben mit Alexa, Siri oder Cortana. Tech-Enthusiasten mögen darin erst einmal eine positive Entwicklung hin zu mehr Diversität sehen, doch schauen wir genauer hin, drängen sich zwei Fragen auf: Reproduzieren und verschärfen KI, welche die Aufgaben digitaler Assistenten übernehmen, nicht gerade traditionelle Rollenmuster? Statt einer neutralen Geschlechtsidentität scheinen virtuelle Sprachassistenten eine weibliche »Persönlichkeit« zu besitzen. Sie spiegeln damit das Rollenverständnis der analogen Welt wider, in der administrative Aufgaben nach wie vor mehrheitlich von Frauen ausgeübt werden. KI mit männlichem Namen wie Watson von IBM und Einstein von Salesforce wird dagegen zur Bewältigung komplexer Geschäftsprozesse herangezogen. Liegt es daran, dass dies Bereiche sind, in denen mehr Männer tätig sind? Wie kann es sein, dass diese neue Intelligenz und innovative Technologie mit alten Stereotypen verknüpft ist, ja dass Geschlechterrollen scheinbar unreflektiert reproduziert werden?

Aktuell geht es bei der Nutzung von KI sehr viel weniger um die Bedrohung, dass sie die Menschheit auslöscht, sondern um die Gefahr, dass wir die Chance auf eine objektive Intelligenz womöglich schon mit der Einspeisung unserer gesellschaftlichen Stereotype verspielt haben. Wie konnte es passieren, dass vermeintlich intelligente Maschinen fraglos unsere menschlichen Vorurteile und Geschlechtervorstellungen übernehmen? Die Antwort ist simpel: Künstliche Intelligenz ist weiblich, weil unsere Vorstellungen über Arbeit, Sexualität und Technologie immer auch mit Bildern von Geschlecht verknüpft sind. Indem wir Maschinen ein Geschlecht zuschreiben, sagen wir gleichzeitig auch etwas über die Rollen aus, die sie nach unserer Meinung spielen (sollen). Virtuelle Assistenten wie Siri erfüllen eine Funktion, die traditionellerweise von Frauen übernommen wird, sei es als Sekretärin, Personal Assistent oder Ehefrau: Termine koordinieren, Informationen liefern, Einkaufszettel schreiben, To-dos verwalten und kommunizieren. Googeln wir die genannten Jobtitel, tauchen als Ergebnisse vor allem Bilder von (weißen) Frauen auf. Diese Bilder aus unserem kulturellen Feld werden nun technologisch reproduziert und zusätzlich festgeschrieben. Und wenn wir nicht aufpassen, kondensieren diese Bilder zu Wirklichkeiten. Wir hören auf, zu hinterfragen, in welchem Verhältnis Geschlecht und Arbeit stehen, und sehen uns der »Natürlichkeitsfalle« gegenüber, in der Assistentinnen weiblich sind, weil sie das schon immer waren. Analog geschehen solche Festschreibungen auch im Männlichkeitsdiskurs, wie etwa das Beispiel des Berufs des Programmierers zeigt: Programmieren war ursprünglich ein Job, der vor allem von Frauen ausgeübt wurde, so haben zum Beispiel Frauen den ersten digitalen elektronischen Computer namens ENIAC programmiert, und der Software einer Frau ist es zu verdanken, dass die Mondlandung funktionierte. Davon wissen heutzutage nur noch wenige, Programmieren ist etwas, das heute gemeinhin mit dem Stereotyp des männlichen Nerds – langes Haar, Brille, T-Shirt mit obskurem Programmierwitz – assoziiert wird.

Einer KI also eine weibliche Identität zuzuschreiben, mag zunächst harmlos wirken, reproduziert aber traditionelle Zuschreibungen und Klischees und hat demnach tief greifende soziale und politische Konsequenzen auf unseren zukünftigen Umgang mit Technologie. Das beweist auch eine Untersuchung einer Forschergruppe in den USA, die 2016 datenbasierte Verzerrungen in maschinellen Lerncomputern feststellte.[6] Die Forscher kamen zu dem Ergebnis, dass die Maschine sexistische Analogien setzte, wie etwa »Frau gleich Hausfrau« oder »Mann gleich Programmierer«, ausgelöst durch die Datenbasis von *word embedding*, einem populären Framework, das Daten als Vektoren repräsentiert. Anhand der Datensätze hatte die Maschine »gelernt«, dass Männer, die ihre Karriere aufgeben und Hausmann werden, unüblich sind. Grundlage für ihre Diskriminierungen sind die Daten, mit denen die Maschinen trainiert werden und die die soziale Welt samt der dort auftretenden – überholten – Geschlechterrollen abbilden. Die letzten Jahre in der KI-Forschung haben also gezeigt: Maschinen sind ziemlich gut darin, einen sogenannten *bias* zu kreieren. Ein *bias* ist ein verzerrtes Ergebnis, zum Beispiel im Rahmen einer Erhebung, Analyse, Umfrage oder Auswertung. Welche Konsequenzen ein *gender bias*, also ein tendenziöses Bild der geschlechtlichen Zuschreibungen, haben kann, sehen wir an den genannten Untersuchungsbeispielen bis hin zu Amazons diskriminierendem Bewerbungsroboter: Diskriminierende Stereotype, die die Grundlage des Datenstocks bilden, werden durch maschinelles Lernen noch verschärft, was – im Falle von Amazon – bedeutet, dass statt weniger Frauen gar keine Frauen mehr eingestellt werden. Würden wir von einer wahrhaft denkenden Maschine nicht aber erwarten, dass sie eine eigene Meinung bilden und vertreten kann, anstatt die unsere unreflektiert zu übernehmen?

KI mag am Anfang ihrer Möglichkeiten stehen, aber die Feminisierung und die oftmals damit einhergehende Sexualisierung von Maschinen ist kein neues Phänomen. Viele Robotikunternehmen entwickeln bereits seit Jahren humanoide Roboter, die in den meisten Fällen mit einem weiblichen Interface gebaut werden. Sie sollen im Gesundheitswesen, Kundenservice oder für die Sexarbeit eingesetzt werden. Auch hier lässt sich eine Asymmetrie beobachten: Viele Modelle, wie zum Beispiel Sophia, entwickelt von Hanson Robotics, sind eindeutig weiblich konzipiert, gestaltet aus Sicht des *male gaze*, des männlichen Blicks. Der Markt für Sexroboter ist zwar, laut Kate Devlin, Professorin am Kings College in London, wesentlich kleiner als in den Medien oft dargestellt, und die erhältlichen Sexroboter sind weit davon entfernt, als menschliche Frau durchzugehen, wie es zum Beispiel an Ava im Film *Ex Machina* dargestellt wird.[7] Dennoch bleibt auffällig, dass vor allem weiblich gestaltete Roboter mit Sexualität in Verbindung gebracht werden. Dystopisch-misogyne Szenarien, wie der in der TV-Serie *Westworld* dargestellte Vergnügungspark, in dem (männliche) Besucher auch noch ihre perversesten sexuellen Wünsche mit gehorsamen lebensechten Robotern ausleben können, scheinen erst einmal noch sehr weit hergeholt. Stellt man dem aber gegenüber, dass virtuelle Assistentinnen wie Siri bereits jetzt real geschehenden sexuellen Beleidigungen ausgesetzt sind – und das, ohne über einen Körper mit weiblichen Geschlechtsmerkmalen zu verfügen –, stellt sich die Frage, wie schnell KI tatsächlich sexualisiert wird. Der Schwerpunkt dieser Fehlentwicklung liegt – sowohl in der Industrie als auch im Kino – auf einer Verbindung von KI und der Zuschreibung von radikal heteronormativ gedachter Weiblich- wie auch Männlichkeit.

Die Technikgeschichte ist voll von Beispielen, die belegen, dass neue Technologien nicht immer freudig willkommen geheißen wurden: Der Buchdruck sah sich erhitzten Attacken der Kirche ausgesetzt, und sowohl die Erfindung des Radios als auch die des Fernsehens ließ Kritiker lange vor der Digitalisierung den Untergang des Abendlandes prophezeien. Mit der Markteinführung von Siri und Co. sahen sich Unternehmen also auch mit der Frage konfrontiert, wie man Nutzern mögliche Bedenken im Umgang mit digitalen Sprachassistenten nimmt, womit eine Begründungsdimension seitens der Industrie offenbar wird, tradierte Geschlechterrollen bewusst einzusetzen. Wir sind durch Geschlechterrollen wie Mutter, Krankenschwester oder Sekretärin darauf trainiert, mit der weiblichen Stimme Wärme, Wohlbefinden und Hilfe zu assoziieren. Wir empfinden sie in der Regel als einladender und fürsorglicher, basierend allerdings eben nicht auf Grundlage biologischer Programmierung, sondern sozialer Konstrukte. Auch dies belegen Studien, wie etwa diejenige zur Mensch-Maschine-Interaktion von Professor Karl MacDorman von der Universität Indiana.[8] Er fand heraus, dass Menschen gegenüber weiblichen Stimmen eine größere Akzeptanz zeigen. Nicht unwahrscheinlich also, dass die Entscheidung, die neuen Intelligenzen in unserem Alltag mit einer weiblichen Persönlichkeit auszustatten, ökonomisch motiviert war. Denn das Vertrauen ihrer Nutzer in neue Technologien sind für Unternehmen der Schlüssel für eine erfolgreiche Adaption und steigende Umsätze. Darüber hinaus sammeln all diese KI-Anwendungen massenhaft Daten in großem Stil, um ihren Nutzern personalisierte Vorschläge zu machen, sodass die Priorität der Kategorie »Vertrautheit« ökonomisch nachvollziehbar wird. Beispielhaft erleben wir das in Spike Bonzes Film *Her*, in dem der einsame Theodore Twombly sich das neue Betriebssystem »OS 1« installiert, das als erstes »Operating System mit künstlicher Intelligenz« beworben wird. Ulrike Bergermann hat in ihrem Aufsatz »biodrag« anschaulich analysiert, wie das körper- und gesichtslose Betriebssystem namens Samantha als liebevolles Dienstprogramm mit Theodore kommuniziert und später sogar flirtet, ohne dass er (und auch wir als Zuschauer) die Situation als unheimlich empfindet.[9] Im Gegenteil, anhand der Stimme wird, laut Bergermann, maschinelles Lernen in klischeehaftester Weise mit Weiblichkeit verknüpft, sodass Samantha als Quelle eines »heimeligen Zuhauses« erscheint und nicht als seelenlos-maschinelle Datenkrake. Auch ein Sprachassistent sammelt auf unserem Smartphone kontinuierlich Daten entsprechend der GPS-Position des Geräts, anhand von Browserverlauf, Kontakten oder Kalendereinträgen, er aggregiert diese und sucht nach Mustern. Der Vorgang ist für uns Nutzer nicht immer transparent, umso wichtiger also, dass wir uns mit der Nutzung der Anwendung wohlfühlen.

Kurioserweise sprach Siri in Großbritannien von Anfang an mit einer männlichen Stimme. Warum, steht nicht fest, denn Apple hat diese Entscheidung bis heute nicht kommentiert. In einem Artikel im *Guardian* mutmaßt der Technologie-Consultant Jeremy Wagstaff, dass dies daran liegen könnte, dass Briten nuscheln und gleichzeitig großen Respekt vor Obrigkeiten haben. Jemand mit (männlicher) Autorität in der Stimme war demnach naheliegend. Amerikaner dagegen sprechen laut und klar und befinden sich im Dauerstress. Wieso also nicht eine weibliche Stimme zur Beruhigung?[10]

Fazit: Alles beim Alten?

Resümierend sehen wir: Künstliche Intelligenz verleitet uns, Visionen über das ob und wann der Singularität anzustellen, dabei haben wir es in Wahrheit gerade mal mit Formen des maschinellen Lernens zu tun. Diese Formen stehen als Plastikboxen in neutralen Farben in unserer Küche und halten uns in dieser vermeintlich so fortschrittlichen Entwicklung den Spiegel unseres eigenen eingefahrenen Denkens vor: Aufgrund ökonomischer Erfolgsstrategien statten wir maschinelle Lerncomputer mit tradierten Geschlechterzuschreibungen aus, kreieren Datengrundlagen, die Maschinen zu verzerrten und diskriminierenden Ergebnissen kommen lassen, und machen die Maschinen damit unversehens selbst zum Opfer von geschlechtsbezogener Diskriminierung. Gleichzeitig erschaffen wir im Kino hochgradig sexuell aufgeladene Bilder von künstlicher Intelligenz, gestalten sie als körperlich weibliche Wesen, verleihen ihnen die Macht, eine selbständig denkende Entität zu sein, die mit unendlichem Wissen und einem uns ähnlichen Bewusstsein ausgestattet ist, sogar emotionale Entscheidungen treffen könnte. Wir schauen dieser KI bei ihrem Kampf gegen männliche Dominanz zu, fantasieren gar eine übergeordnete Schlacht, nämlich die der gegenübergestellten bewussten Entitäten, Maschine gegen Mensch, glatte, hochintelligente Künstlichkeit gegen raue emotional-irrationale Menschenintelligenz. Augenfälliger kann die Lücke zwischen Realität und Vorstellungswelt kaum sein.

Das liegt daran, dass der Begriff »künstliche Intelligenz« etwas suggeriert, das wir im – real vorhandenen – maschinellen Lernen definitiv nicht antreffen. Von einer Intelligenz erwarten wir, dass sie lernt, versteht, nachdenkt, kurzum aufgrund ihres Wissens in der Lage ist, eigene Verbindungen und Schlüsse zu ziehen. Maschinelles Lernen kann nicht *nachdenken*, es wurde darauf programmiert, Muster zu *erkennen*, zu kalkulieren und zu reproduzieren. Eine KI wie Siri bleibt auch bei unflätigen Äußerungen ihr gegenüber höflich, kontert teilweise mit witzigen – aber natürlich zuvor programmierten – Antworten. Niemals würde sie den Sprecher für seine Ausfälligkeiten zurechtweisen oder klarstellen, dass sie so nicht adressiert werden möchte, weil sie plötzlich erkennen würde, wie beleidigend Worte wirken können. Programmiert ist auch die Tatsache, dass virtuelle Sprachassistenten mehrheitlich mit einer weiblichen Stimme sprechen. Es mag dies das profane Ergebnis von Marktforschung sein, in der Konsequenz ergibt sich trotzdem die fatale gesellschaftliche Zementierung von Bildern einer Dienstleistung, die immer mit Weiblichkeit verknüpft sind. Da wir Assoziationen in Bezug auf Arbeit und Geschlecht nicht erst seit der Digitalisierung praktizieren, entsteht leicht der Eindruck, dass dies ein natürlicher Vorgang sei, an dem nicht zu rütteln ist. Die Verbindung von KI und Weiblichkeit entpuppt sich damit gerade nicht als ein feministischer Akt von Empowerment, der die Sichtbarkeit von Frauen im Zusammenhang mit digitalen Technologien fördert. Stattdessen werden lediglich bereits existierende Machtasymmetrien und geschlechtliche Verzerrungen reproduziert. Es ist nicht ausgeschlossen, dass maschinelles Lernen und Automatisierung zukünftig auch positive Auswirkungen auf von Frauen dominierte Jobs haben werden. Technologische Innovation und digitaler Fortschritt werden allerdings vor allem von gewinngesteuerten Unternehmen vorangetrieben, die sich nur zaghaft für Gleichberechtigung und Diversity engagieren. Im Moment zumindest scheint es wichtiger, Nutzern eine KI-Identität zu bieten, mit der sie sich geborgen fühlen und interagieren, um das Eindringen in die Privatsphäre der Nutzer und daraus resultierende Abgreifen von Daten zu verschleiern.

Vor diesem Hintergrund ist die Frage nicht, ob die Zukunft weiblich ist, sondern, ob wir die Zukunft von KI gleichberechtigt und ohne die Wiederholung bestehender gesellschaftlicher Ungleichheiten gestalten wollen.

Anmerkungen

1 Felicitas Wilke: »Bewerbungsroboter: Künstliche Intelligenz diskriminiert (noch)«, in: *Zeit online* vom 18.10.2018. Online abrufbar unter https://www.zeit.de/arbeit/2018-10/bewerbungsroboter-kuenstliche-intelligenz-amazon-frauen-diskriminierung [zuletzt abgerufen am 01.08.2019].

2 Marcus Hutter, Shane Legg: *A Collection of Definitions of Intelligence*. Manno 2006. Online abrufbar unter http://www.vetta.org/documents/A-Collection-of-Definitions-of-Intelligence.pdf [zuletzt abgerufen am 01.08.2019].

3 Alan Turing: »Computing Machinery and Intelligence«, in: *Mind* 59, 236 (1950), S. 433–460.

4 Hutter, Legg 2006.

5 Ebd.

6 Tolga Bolukbasi et al.: »Man is to Computer Programmer as Woman is to Homemaker? Debiasing Word Embeddings«, in: *Proceedings of Advances in Neural Information Processing Systems* 29 (2016). Online abrufbar unter https://arxiv.org/pdf/1607.06520.pdf [zuletzt abgerufen am 01.08.2019].

7 Kate Devlin spricht auf der re:publica 2019: »The Artificial Lover: Our Intimate Future with Machines«. Online abrufbar unter https://www.youtube.com/watch?v=pb8PO57P8bE [zuletzt abgerufen am 01.08.2019].

8 Karl MacDorman et al.: »Does social desirability bias favor humans? Explicit–implicit evaluations of synthesized speech support a new HCI model of impression management«, in: *Computers in Human Behavior* 27 (2011), S. 402–412.

9 Ulrike Bergermann: »Biodrag. Turing-test, KI-Kino und Testosteron«, in: Christoph Engemann, Andreas Sudmann (Hg.): *Machine Learning – Medien, Infrastrukturen und Technologien der Künstlichen Intelligenz*, Bielefeld 2018, S. 339–364.

10 Jessie Hawitson: »Siri and the sex of technology«, in: *Infrage* vom 21.10.2011. Online abrufbar unter https://www.theguardian.com/lifeandstyle/the-womens-blog-with-jane-martinson/2011/oct/21/siri-apple-prejudice-behind-digital-voices [zuletzt abgerufen am 01.08.2019]

Michael Pilz

Tanz der Elemente

Das Periodensystem als Welterzählung

Vor 150 Jahren wurde die Welt in Ordnung gebracht: Im Jahr 1869 brütet Dmitri Mendelejew in Sankt Petersburg an seinem Schreibtisch über 63 Spielkarten für die damals bekannten Elemente und sucht nach einem System. Er schreibt gerade an einem Lehrbuch für seine Studierenden über die Chemie als reine Lehre der Materie. Im ersten Band behandelt er die Elemente Fluor, Chlor, Brom und Jod, im zweiten Lithium, Natrium, Kalium, Rubidium und Cäsium. Danach weiß er nicht mehr weiter. Gold und Eisen, Kohlenstoff und Schwefel, Wasserstoff und Sauerstoff. Die Welt wirkt wie ein willkürliches Werk aus schwereren und leichteren Substanzen, von denen sich manche näherstehen als andere. Mendelejew glaubt nicht an die Schöpfung. Der Professor macht aus seinen atheistischen und anarchistischen Gedanken kein Geheimnis. Er stammt aus Sibirien und sieht auch aus, wie literarisch entworfene Bilder eines Sibiriers vermuten lassen: Langes Haar, zerzauster Bart, einmal im Jahr lässt er sich gemeinsam mit den Schafen scheren. Mendelejew ist der Rasputin der neuen Wissenschaften, ein Schamane, der die rätselhaften Zeichen der Natur versteht und sie den Menschen übersetzen kann. In Worte, Schriften und Symbole, in Kultur.

Über die 63 Karten sinnierend nickt er ein. Als er erwacht, notiert er das Periodensystem der Elemente. Es ist ihm im Traum erschienen. So weit die Legende. Jener magischen Intelligenz des Unbewussten ist so manches zu verdanken, von Einsteins Relativitätstheorie bis »Yesterday« von den Beatles. Als die *Tabliza Mendelejewa* zur Welt kommt, liegt sie auf der linken Seite. Manche Elemente stehen an der falschen Stelle. Aber das System steht fest, oder, wie es ihr Schöpfer schon in seinen frühesten

Schriften formuliert hat: »Das Gebäude einer jeden Wissenschaft erfordert nicht nur Material, es braucht auch einen Plan.«[1] Ihm geht es um »Prinzipien« und »Symmetrien«. Seine Elemente bilden keine lange Reihe mehr mit stetig steigenden Atomgewichten, sondern eine sinnvolle Tabelle aller Bausteine des Universums. Eine Tafel, die aus sich heraus intelligent gestaltet ist, weil Gott – wenn es ihn gäbe – auch nicht würfeln würde.

Auch das Periodensystem ist demnach, wie alle großen Kreationen, weiser als sein Schöpfer. Der Prophet ist nicht Dmitri Mendelejew, das Prophetische ist seine Ordnung selbst mit ihren Leerstellen und Anschlüssen für immer neue Elemente: Gallium, Scandium und Germanium sagt das System voraus. Die Edelgase finden ihren Platz, so heftig Mendelejew es auch gegen sie verteidigt. Selbst die Lücke auf Platz 43, siebte Gruppe, fünfte Periode, wird nach 68 Jahren vom Technetium besetzt, dem ersten künstlich hergestellten Element. Danach werden die Transurane im Labor erzeugt, die Elemente 93 und so weiter, bis das Periodensystem voll ist und mit 118 Elementen seinen 150. Geburtstag feiern kann, im Jahr 2019. Aber ist es überhaupt noch wahr? War Mendelejews Ordnung jemals mehr als eine überzeugende Infografik für die alte, von Goethe am eindringlichsten formulierte Menschheitsfrage danach, was die Welt im Innersten zusammenhält? Ist die Ordnung mehr als ein Weltbild, das in Klassenräumen und Seminarsälen hängt, das in Fernsehserien wie *Breaking Bad* illustriert und das als Duschvorhang verkauft wird?

Die Erzählung von Natur und Kultur

Das Periodensystem erzählt, und darin liegt seine umfassende Intelligenz, zugleich die kosmische Naturgeschichte und die menschliche Kulturgeschichte. Man muss das System nur lesen können. Einerseits berichtet es von rohen Naturgewalten, vom Urknall, von den Kernfusionen in der Sonne und von der Evolution der Elemente: Einprotonige

Wasserstoffatome krachen ineinander und erzeugen zweiprotoniges Helium. Die Kernfusionen setzen Lithium, Beryllium und Bor auf die drei folgenden Plätze. In den neugeborenen Sternen steigen die Dichte und die Energie, bis aus drei Heliumkernen mit vier Neutronen der Kohlenstoff entsteht und aus dem Kohlenstoff durch einen weiteren Heliumkern der Sauerstoff. Daraus emergieren auf Erden so allgegenwärtige Substanzen wie Silizium und Eisen. Wenn ein Stern wieder verglüht, wird seine Energie so hoch, dass die Materie sich vom Eisen bis hinunter zum Uran verdichtet, auf Platz 92 in der unteren der beiden Unterzeilen des Periodensystems.

Auf der anderen Seite ist der Tafel die menschliche Kulturgeschichte eingeschrieben. Von den ersten Elementen, die durch die Chemie des Feuers sichtbar werden – Kohlenstoff und Kupfer – über die gediegenen Metalle Gold, Silber und Eisen, das in Meteoren vom Himmel fällt, bis hin zu jenen Elementen, die im Menschen und in Erzen oder Mineralien verborgen sind, wie etwa Kalzium und Eisen, das verhüttet werden muss. Schließlich bis hin zu jenen, deren Plätze leer wären, wenn sie der Mensch nicht maschinell erschaffen hätte, wie Einsteinium und Oganesson. Seit die Rede ist von Elementen und Atomen geht es um den Plan, um Symmetrien und Prinzipien. Die Antike kommt auf eine Ordnung von vier Elementen, Feuer, Wasser, Luft und Erde, ein abstraktes fünftes ist der Äther. Die platonische Materie besteht in ihrer Vielfalt aus der Einheit immer gleicher Teilchen. Diese kleinsten Körper setzen sich aus regelmäßigen Drei-, Vier- oder Fünfecken zusammen. Feuer bildet sich aus Tetraedern, Wasser aus Ikosaedern, Luft aus Oktaedern und Erde aus winzigen Würfeln. Die Dodekaeder bleiben für die Quintessenz, den Äther, übrig. Dass sich jedes der vier ursprünglichen Elemente in ein anderes verwandelt lässt, ist geometrisch einfach zu berechnen: Einmal Wasser wäre zweimal Luft und einmal Feuer. Zweimal Feuer wäre einmal Luft. Und einmal Wasser wäre dann auch zweieinhalbmal Luft. Auf Aristoteles geht das erste System zurück, die erste Matrix der vier Elemente: Feuer – warm und trocken –, Wasser – kalt und feucht –, Luft – warm und feucht – und Erde – kalt und trocken. »Alles ist entweder

Element oder setzt sich aus Elementen zusammen«, steht bei Aristoteles, dem ersten Chemiker der Welt.[2]

Alles besteht aus Elementen und jedes der Elemente aus Atomen. Auch das atomare Zeitalter beginnt in der Antike. Demokrits Atome unterscheiden sich nach Form und Größe, seine kleinsten, unteilbaren Teilchen sind einfache Körper, Kugeln, Würfel, Pyramiden und Zylinder. Später schreibt Lukrez in Über die Natur der Dinge: »Weil man die Urelemente mit Augen zu sehn nicht imstand ist/ Höre nun weiter von Körpern, die eingestandenermaßen/ Zwar in der Welt sich befinden und doch sich nicht sichtbar bekunden.«[3] Die Atome heißen bei Lukrez »Ursprung der Dinge« oder »Mutterstoff«. Es sind sich selbst organisierende, intelligente Teilchen, die zu Wasser, Erde, Luft und Feuer werden, genauso wie zu Pflanzen, Tieren und Menschen. Mit dem Christentum verschwinden die Atome. Die vier Elemente überleben die Jahrtausende als Schöpfungsakt der höchsten, überirdischen Intelligenz. Die Elemente sind nach Platon, Aristoteles und ihren Schülern göttlicher Natur. Die Gnostiker und Alchemisten streben nach einer Vervollkommnung des Geistes und einer Veredlung der Materie. Wie sich Gott in jedem Menschen offenbart, schläft in jedem grauen Metall das edelste aller Metalle, nämlich Gold. Die Alchemisten suchen danach, nach dem Stein der Weisen.

Die Evolution der Ordnung

Dass die zwei Jahrtausende von Aristoteles zur Aufklärung – von den vier Elementen zu den vielen Elementen und ihren Atomen – dunkle Zeiten seien und erst die Renaissance die Fenster aufreiße, darf getrost ein Märchen genannt werden. 25 Jahre vor Dmitri Mendelejews Periodensystem schreibt der Chemiker Justus von Liebig in seinen *Chemischen Briefen* für die *Augsburger Allgemeine*: »Der Stein der Weisen, den die Alten im dunkeln unbestimmten Drange suchten, ist in seiner Vollkommenheit nichts anderes gewesen, als die Wissenschaft der Chemie.«[4]

Auch Alchemie und Aufklärung sind dialektische Prozesse. Ohne Alchemie keine Chemie und ohne Aufklärung kein Aberglaube, keine Mystik und Magie und umgekehrt. Die Alchemisten ordnen die vier Elemente, sie stellen Systeme auf. Im Mittelalter steht der Mensch im Mittelpunkt eines universalen Tortendiagramms: ein Viertel Luft und Blut, Frühling und Frohsinn, Jupiter und die drei Sternbilder Zwillinge, Stier und Widder. Ein Viertel Wasser und Schleim, Winter und Trägheit, Mond und die drei Sternbilder Fische, Wassermann und Steinbock. Ein Viertel dunkle Galle und Erde, Herbst und Melancholie, Saturn und die drei Sternbilder Schütze, Skorpion und Waage. Ein Viertel helle Galle und Feuer, Sommer und Jähzorn und die drei Sternbilder Jungfrau, Löwe und Krebs. Es ist das große Ganze, ein in sich geschlossenes, rundes und periodisches System der Welt, anthropozentrisch, aber allumfassend, wie der Makrokosmos so der Mikrokosmos.

Auch die Gnostiker des Abendlands, die Alchemisten, suchen nach der letzten Wahrheit. Sie bedienen sich bei ihren liberaleren arabischen Kollegen aus der Vor- und Frühzeit des Islam und halten drei Prinzipien fest, nach denen sich alles elementar zusammensetzt, auch die vier Elemente selbst. Quecksilber, Salz und Schwefel. Immer geht es um die Harmonie der Anteile, um ihre Symmetrie. Es gibt geheimnisvolle Handschriften und Holzschnitte der stofflichen Dreifaltigkeit, die über den vier Elementen schwebt und sie durchdringt. Metalle werden durch Planeten illustriert, ihre Transmutation durch Fabelwesen und Hermaphroditen. Die »chymische Hochzeit«, die symbolische Vereinigung von Königin und König, Mond und Sonne, Silber und Gold bildet die endgültige Ordnung ab, das »Opus magnum«[5]. Jedes Tafelbild der Alchemie entwirft ein chemisches System. Es ist die Ironie der Aufklärung, dass die Chemie wieder zurückgeworfen wird auf die Antike. Platons Dualismus von Materie und Geist findet in Denkern wie René Descartes ein neues Medium, um die Natur von der Kultur zu trennen, woran die Natur- und Geisteswissenschaften noch im Jahr 2019 laborieren, als wäre das Periodensystem nie erstellt worden, um den gedachten Graben zuzuschütten und das Dasein aller Dinge anschaulicher zu gestalten.

Grafisch werden solche Denkfiguren in der Regel einfacher gelöst. Die *Enzyklopädie* von 1771 zeigt unter »Chymie« bereits die Zeichnung eines wissenschaftlichen Laboratoriums mit einer Tafel aller wahren Elemente in ihren alten Symbolen nach der Ordnung ihrer Eigenschaften – einschließlich der Leerstellen für die noch zu entdeckenden Elemente, ein Jahrhundert vor Dmitri Mendelejew.[6] Über die Chemie schreibt Denis Diderot in seiner *Enzyklopädie*: »Die klügsten Chemiker sind sich einig, dass ihr Interesse recht eigentlich die Passion eines Narren ist.«[7] Im 21. Jahrhundert wird der Narr zum Nerd geworden sein, aus Periodensystemtassen seinen Kaffee trinken und die Welt erkennen wollen.

Im Jahr 1789 fallen zwei Revolutionen zusammen, die Revolution des Weltgeistes und die Revolution des Weltbildes. Ein Zufall der Kultur-Natur-Geschichte, der kein Zufall sein kann, weil Geschichte immer erst geschrieben wird, wenn man weiß, wie sie ausgegangen ist. Antoine de Lavoisier veröffentlicht seine *Elementaren Abhandlungen* in Paris, während das Volk die Macht erobert und die Menschheit sich neu ordnet und ihr Menschsein neu verhandelt.[8] Lavoisier stürzt die vier Elemente: Feuer ist ein chemischer Prozess, Wasser besteht aus Wasserstoff und Sauerstoff, Luft vorwiegend aus Stickstoff, Sauerstoff und Kohlendioxid und Erde aus sämtlichen Elementen, die bereits bekannt sind. 33 Elemente listet Lavoisier als einfache Substanzen auf, die so lange als einfache Substanzen gelten sollen, bis sich jemand findet, der sie trennen kann. Er ordnet seine Elemente in fünf Gruppen. In der ersten Gruppe finden sich die Gase wieder, einschließlich der irrtümlichen Elemente Licht und Wärme. In der zweiten Gruppe sammeln sich die Nichtmetalle, in der dritten die Metalle, in der vierten zweifelhafte Stoffe, die bei Lavoisier Salze und Erden heißen und wahrscheinlich keine einfachen Substanzen sind. Als Lavoisier als Diener der Regierung hingerichtet wird – er ist Beamter der Finanzbehörde –, ruft der Ankläger: »Die Republik braucht keine Chemiker!« Hier irrt die Revolution.

In Manchester verfasst John Dalton sein *Neues System der chemischen Philosophie* über die Elemente und nennt ihre Bausteine wieder Atome wie die alten Griechen.[9] Er stellt Regeln auf: Es existieren so viele verschiedene Atome, wie es Elemente gibt. Alle Atome eines Elements sind gleich. Alle Atome bilden Kugeln. Die Atome der verschiedenen Elemente unterscheiden sich allein durch ihr Gewicht. Jede Substanz ist eine einfache Kombination ihrer Atome, also ihrer Elemente. Dalton drechselt Holzkugeln, um die Atome darzustellen und zu Molekülen zu verbinden. In *Viewegs Geschichte der Chemie* schreibt William Hodson Brock, John Dalton habe die Chemie nicht nur dazu befähig, das Komplexe einfach zu veranschaulichen, er habe der Menschheit auch ein neues Gottvertrauen beschert – den Glauben an Atome.[10]

Magnesium plus Strontium geteilt durch zwei ist Kalzium. Darauf kommt Johann Wolfgang Döbereiner 1817, als er die Oxide wiegt und die Atomgewichte in einfachen Formeln zueinander in Beziehung setzt. Solche Triaden stellt er auch für andere Elemente auf. Chlor, Brom und Jod. Lithium, Natrium und Kalium. Schwefel, Selen und Tellur. Chrom, Mangan und Eisen. Nickel, Kupfer und Zink. Osmium, Iridium und Platin. Döbereiner forscht und lehrt durch Goethes Fürsprache in Jena. Er ist keine faustische Gestalt wie Goethe selbst, der Aufklärung und Alchemie in sich vereint und daran leidet, sondern ein Empiriker und Experimentator. Und der Erste, der die Elemente anhand ihrer messbaren und auffälligen Eigenschaften zueinander systematisch in Beziehung setzt. Er schreibt: »Die Grundlage der Chemie ist Erfahrung, wozu wir durch Beobachtungen und Versuche gelangen. Aus der Erfahrung leitet der Chemiker durch richtige Vernunftschlüsse eine Theorie her, welche alle einzelnen Tatsachen zu einem wissenschaftlichen Ganzen oder zu einem System verknüpft. Ein chemisches System ist daher der Inbegriff aller chemischen Erfahrungen.«[11] Er weitet die Triaden zu Verwandtschaftsfolgen aus, wie er sie nennt. Im Periodensystem finden sich die Folgen später in den Gruppen wieder, in den Perioden und Diagonalen. Mit dem 19. Jahrhundert, Chemikern nach Döbereiners Kaliber und den sich entwickelnden Industrien explodiert das Wissen um die Elemente und die Ordnung der Materie. Die Triaden werden systematisch katalogisiert und in Tabellen sortiert. Die immer mehr werdenden Elemente ordnen sich auf den Notizblättern der Chemiker zu geome-

-K-U-N-D-E-N-B-E-L-E-G-

UG Dr. Eckert GmbH
Ludwig Presse&Buch
Schles. Pl. 1
01097 Dresden
0351 847050

Terminal-ID : 54373767
TA-Nr 104921 BNr 5989

Kartenzahlung
contactless
girocard

EUR 19,00

PAN ################9302
Karte 1
EMV-AID
A0000003591010028001
VU-Nr 1039900029
Datum 10.09.19 13:06 Uhr

*** Zahlung erfolgt ***
BITTE BELEG AUFBEWAHREN

Unterschrift

Datenschutzrechtliche Information

Meine Zahlungsdaten (meine Bankverbindung, Kartenverfallsdatum, Kartenfolgenummer, Datum, Uhrzeit, Zahlungsbetrag, Terminalkennung) werden zur Kartenprüfung und Zahlungsabwicklung an TeleCash übermittelt. An TeleCash wird ferner übermittelt, wenn eine Lastschrift nicht eingelöst oder von mir widerrufen wurde (Rücklastschrift – Näheres siehe Anhang), außer wenn ich im Zusammenhang mit dem Widerruf erklärtermaßen Rechte aus dem zugrunde liegenden Geschäft geltend gemacht habe, z.B. wegen eines Sachmangels bei einem Kauf. Zudem werden die Zahlungsdaten **zur Verhinderung von Kartenmissbrauch** gemeinsam mit den Rücklastschriftdaten **zur Begrenzung des Risikos von Zahlungsausfällen** gespeichert und genutzt. TeleCash erteilt insoweit auch an andere Händler, die an ihrem System angeschlossen sind, Empfehlungen, ob eine Zahlung mit girocard und Unterschrift akzeptiert werden kann. Die o.g. Daten können bei Bedarf zur Störungsbehebung auch von Konzernunternehmen von TeleCash und ihren Auftragnehmern außerhalb der EU unter Beachtung der Datenschutzbestimmungen verarbeitet werden.

SEPA Lastschriftmandat

Ich ermächtige oben/umseitig genanntes Unternehmen, einmalig eine Zahlung von meinem Konto mittels Lastschrift einzuziehen. Bei Nichteinlösung der Lastschrift ermächtige ich das Unternehmen oder die TeleCash GmbH & Co. KG, Konrad-Adenauer-Allee 1, 61118 Bad Vilbel (Gläubiger ID DE80RLS00000190298) ("TeleCash") zum neuerlichen Einzug des Zahlungsbetrages zzgl. Kosten (z.B. Rücklastschriftentgelt meines Kreditinstituts). Zugleich weise ich mein Kreditinstitut an, die auf mein Konto gezogene Lastschrift einzulösen. Hinweis: Ich kann innerhalb von acht Wochen, beginnend mit dem Belastungsdatum, die Erstattung des belasteten Betrages verlangen. Es gelten dabei die mit meinem Kreditinstitut vereinbarten Bedingungen. Der Lastschrifteinzug erfolgt frühestens am nächsten Bankarbeitstag.

Adressweitergabe

trischen Figuren, Dreiecken, Spiralen und Zylindern, um die sich die Elemente winden, sodass die Verwandten schon untereinander stehen. Die Idee kommt auf, dass sich die Elemente in der Folge der Atomgewichte wie die Töne einer Tonleiter verhalten und das achte Element der Reihe eine höhere Art des ersten sein muss – das Oktavgesetz. Die Gruppen und Perioden stehen schon im Raum, als Lothar Meyer 1864 sein *System der Elemente* drucken lässt.[12] Es ist präziser als das Periodensystem von Dmitri Mendelejew im Jahr 1869, aber vorsichtiger: Meyer weiß mit den inzwischen zahlreichen einander ähnelnden Metallen nicht, wohin. Er lässt die meisten weg und stellt ein Periodensystem auf für 28 Elemente, damals weniger als die Hälfte. Mendelejew glänzt fünf Jahre später mit seinem System für alle 63 und dem nötigen Platz für alle Elemente, die noch kommen würden.

Das einzig wahre Weltbild

Das Periodensystem selbst ist ein Beweis dafür, dass die Materie sich dem Menschen offenbart, sobald dies an der Zeit ist. Es sind nicht die sogenannten großen Männer, die der Welt die Wahrheiten entreißen und Geschichte schreiben. Neue Elemente werden nicht rein zufällig zu gleichen Zeiten an zwei Orten aufgespürt. Das Periodensystem drängt sich einem Mann wie Dmitri Mendelejew 1869 auf, als die Intelligenz der Menschheit der Intelligenz der kosmischen Materie gewachsen scheint, und sei es nur im Traum. Als Mendelejew 1907 stirbt und man ihn in Sankt Petersburg in einer Massenprozession zu Grabe trägt, mit einer Periodentafel als Monstranz, steht die *Tabliza Mendelejewa* noch immer als geschlossenes System in seinen Lehrbüchern, mit mittlerweile 85 Elementen, wenigen Lücken und der achten Gruppe für die Edelgase. Kein Wort von Atomen und Elementarteilchen, an deren Existenz er nie geglaubt hat. Seine Elemente sind nichts anderes als 85 unteilbare Stoffe mit verschiedenen Gewichten und bestimmten Eigenschaften, die sich nach ihren Gewichten und den Eigenschaften ordnen lassen. Sein Periodensystem ist ein Arbeitsblatt für Chemiker. Dass es sich um das einzig wahre Weltbild handelt, das intelligenteste System, das sich der Menschheit jemals offenbart hat, wird erst von Physikern bewiesen. Sie finden die Elektronen, Protonen und Neutronen in den Atomen, die bei Einstein endlich sichtbar werden. Als wären die Physiker die neuen Alchemisten, spalten sie Atome und verwandeln Elemente ineinander – alles nach den Regeln des Periodensystems.

Im Jahr 1913 überträgt Niels Bohr das Wellenlinienspektrum eines Wasserstoffatoms auf sein Atommodell, in dem die Elektronen nicht mehr um den Kern kreisen wie die Planeten um die Sonne, sondern sich in Energieschalen bewegen. Währenddessen findet Henry Moseley heraus, dass sich Wellenlänge und die Ladung des Atomkerns zueinander ganzzahlig proportional verhalten. Wasserstoff bekommt die positive Ladung eins und das Periodensystem seine glatten Ordnungszahlen anstelle der krummen Zahlen der Atomgewichte. Moseley kommt auf vier Leerstellen für noch zu findende Elemente, 43, 61, 72, 75. Falsch platzierte Elemente stellt er an die richtige Stelle. »Mendelejew und andere hatten den Zauberwürfel der Elemente entdeckt, aber Moseley gelang es, ihn zu ordnen«, schreibt der Wissenschaftsautor Sam Kean in seiner Anekdotensammlung *Treffen sich zwei Elemente*.[13] Bohr führt den Begriff der Quanten für die Energiesprünge der Elektronen ein. Mitte der 1920er-Jahre formulieren Wolfgang Pauli, Erwin Schrödinger und Werner Heisenberg als Dreigespann der physikalischen Chemie die Grundsätze für die Erkennbarkeit der Welt in ihrem Innersten: Paulis Prinzip besagt, dass sich an einem Ort niemals mehr als zwei Elektronen aufhalten. Die Formel für die Elektronenwellen liefert Schrödinger. Und Heisenberg beweist die Unschärfe: Wo sich ein Elektron aufhält, bleibt unscharf, was nach seiner Formel, seiner Relation nichts weniger als die Weltordnung erklärt – die Gruppen, Perioden und Systemblöcke der Elemente. Die Wahrscheinlichkeit, wo sich die Elektronen um den Kern aufhalten, führt zum Orbitalmodell. Bei Wasserstoff und Helium reicht eine kugelförmige Schale für das eine und das zweite Elektron. Vom Lithium an wird zusätzlich ein zweiteiliges Orbital besetzt, ab Skandium ein vierteiliges und ab Cer ein sechsteiliges Orbital. Die einteiligen heißen s (wie *sharp*), die zweiteiligen p (wie *principal*), die vierteiligen d (wie *diffuse*), die sechsteiligen f (wie *fine*). s-Orbitale nehmen bis zu zwei, p-Orbitale bis zu sechs, d-Orbitale bis zu zehn, f-Orbitale bis zu 14 Elektronen auf. Deshalb besteht die erste Periode des Systems aus zwei s-Elementen. In den Perioden zwei und drei summieren sich die s- und p-Zahlen zu acht. In den Perioden vier und fünf summieren sich die s-, p- und d-Zahlen zu 18. In den Perioden sechs und sieben, einschließlich der beiden unter dem System stehenden Fußzeilen, summieren sich die s-, d-, p- und f-Zahlen zu 32. 118 Elemente insgesamt. Vier Blöcke: s, p, d und f. Man kann es ausrechnen, man muss es aber auch glauben. »Niemand versteht die Quantenphysik«, sagt der Quantenphysiker Richard Feynman.[14] Was nicht heißt, dass sie nicht gelten und das Periodensystem nicht beweisen würde.

Elemente nach Rezept

Wie Niels Bohr die Quantenphysik als Modell für das Periodensystem erfindet, suchen Chemiker und Physiker im 20. und 21. Jahrhundert anhand des Periodensystems nach neuen Elementen wie auf einer Landkarte. Wie nach einem Rezept stellen sie neue her. Technetium aus Molybdän und Wasserstoff. Neptunium und Plutonium aus Uran unter Neutronenbeschuss. Von Americium bis Oganesson finden sich auch keine Spuren mehr in der Natur, die 24 schwersten Elemente gäbe es ohne die menschliche Kultur gar nicht. Noch zu Dmitri Mendelejews Lebzeiten entsteht auch eine erste Langform des Systems, in dem die seltenen Erden, Mendelejews Sorgenkinder, die Lanthanoide, ihren Platz zwischen den Blöcken finden. Später werden sie in eine Fußzeile unter dem Periodensystem ausgelagert wie noch später die Actinoide, um die Formate von handlichen Lehrbüchern und Karten für die Schule nicht zu sprengen. Als die zweite Zeile voll ist, füllt der Chemiker und Physiker Glenn Seaborg – er entdeckt mehr Elemente als jeder Kollege vor ihm, indem er sie nach den Regeln des Systems erschafft – die siebente und letzte Periode. Heute ist sie voll. Aber die Elemente 119 und 120 werden schon gesucht. Es ist noch nicht das Ende des Periodensystems der Elemente, aber wird es nicht unendlich sein. Seaborgs Prognose reicht bis 168, andere sagen, 173 sei die Grenze. Darüber hinaus zögen die Protonen die Elektronen zu nah an den Kern oder mitten hinein. Es gebe aber, hoffen alle, eine »Insel der Stabilität«, wo immer sie auch liegen werde. Juri Oganesjan – nach ihm ist das bisher letzte Element benannt, das Oganesson – prophezeit sie für die Elemente um die Nummer 164.[15] Es kursieren aber auch Vorhersagen für Elemente um die Nummer 126, also bald. Dann werden Schwerstmetalle mehr sein als nur flüchtige Atome, mehr als Elemente, die schneller wieder verschwinden, als man sie nach Pionieren des Systems benennen kann und mehr als der Natur je eingefallen wäre. Weit mehr als der Sternenstaub, aus dem die Menschen sind. Künstliche Metalle, die es wirklich gäbe, vielleicht sogar nützliche.

Wie jede Infografik hat aber auch die Periodentafel ihre Grenzen, nicht nur äußere, jenseits der 118 Einträge, auch innere. Schon Wasserstoff könnte nicht weniger verloren bei den Halogenen stehen wie bei den Alkalimetallen – und wenn Wasserstoff mit seinem einen Elektron über der ersten Gruppe steht wie ein Metall, könnte auch Helium wie ein Metall über der zweiten Gruppe stehen mit seinen zwei Elektronen und nicht bei den Edelgasen in der achten Gruppe. Heftiger gestritten wird über die Startplätze der seltenen Erden wie der Prä- und Transurane in den Unterzeilen des Systems. Nach eingehenden Untersuchungen benehmen sich Lutetium und Lawrencium am Schluss der ausgegliederten Sequenzen wie gewöhnliche Metalle aus dem Hauptblock, wo sie dann gefälligst auch zu stehen hätten. Für Lanthan wie für Actinium wäre die Verbannung aus der dritten Gruppe von den angestammten Plätzen unter Skandium und Yttrium die Folge. Noch dramatischer gestalten sich Laborbefunde aus der sonst so zuverlässigen zweiten Gruppe: Barium steht schon länger im Verdacht, die dem System zugrunde liegenden Regeln zu verletzen und mehr als zwei Elektronen abzugeben wie Metalle aus dem Mittelfeld. Jetzt sind auch die bisher untadeligen Elemente Kalzium und Strontium auffällig geworden. In der siebten Periode widersetzen sich manche der künstlich hergestellten Elemente allen Gruppennormen. Rutherfordium und Dubnium verhalten sich wie Actinoide, Seaborgium und Bohrium hingegen »anständig« wie die Metalle über ihnen. Weiter rechts erweist Copernicium sich als vollkommen unberechenbar. Flerovium ist weit davon entfernt, sich da, wo es sich wiederfindet – in der Kohlenstoffgruppe –, zu integrieren. Tenness scheint kein Halogen zu sein. Dass Oganesson sich als Edelgas gegen die anderen Edelgase sträubt, gilt als gesichert. Immer größere Atomkerne beschleunigen die Elektronen, bis relativistische Effekte die Erwartungen der Quantenphysik unterlaufen. Auch die äußeren Grenzen stehen offen: Eine achte Periode müsste fünfzig Spalten füllen und einen ganzen Block an neuen Elementen, mit bisher noch völlig unbekannten Orbitalen. Alles könnte aber auch ganz anders werden. Fundamente werden brüchig, und der Überbau zeigt Risse. Niemand weiß, ob das System nicht irgendwann in sich zusammenbricht, weil nichts mehr gilt.

Neue Weltbilder

Für Chemiker ist so ein offenes Periodensystem eine Zumutung, für Physiker ein Anreiz, für Kultur-Natur-Historiker ein großes Glück. Es gibt die herrlichsten Entwürfe, mehr als tausend Weltbilder aus den vergangenen 150 Jahren. Immer weitere Strahlen, Schleifen und Spiralen, blumenartige Gebilde, Bäume, Blasen und geteilte Tafeln wie Altäre, Trichter, Schachbretter und Pyramiden. Freie Formen wie die flache Schnecke mit einem Gehäuse für die Hauptgruppen und Wucherungen für die Nebengruppen. Oder das komplette Lebenswerk von Charles Janet, einem Franzosen, der Fossilien sammelt, Formicarium für Ameisen erfindet und während der 1920er-Jahre alle Formen durchspielt: formlose Amöben, Sonnen, kurvige Tableaus, die aussehen wie Rennbahnen und Skizzen, die das Orbitalmodell im Inneren der Elemente grafisch auf das große Ganze übertragen. Dafür ist Janets Treppenmodell umso sachlicher und überzeugender: Es fängt links mit zwei langen Stufen an, den Lanthanoiden und Actinoiden, dann vier Stufen für die Übergangsmetalle, sechs Stufen mit den sechs Hauptgruppen von drei bis acht und schließlich acht Stufen für die zwei ersten Gruppen. Helium steht in der zweiten Gruppe über dem Beryllium. Janets System von 1927 ist ein streng quantenmechanisches, es ordnet alle Elemente in vier Orbitalblöcke von f bis s und schert sich nicht um die elementaren Eigenschaften irgendwelcher einfachen Substanzen. Helium ist für ihn kein Edelgas, es ist nur ein Atom mit zwei s-Elektronen. Die Physik siegt über die Chemie. Das Periodensystem, das an eine Burg erinnert, das allgegenwärtige und überall hängende PSE mit den zwei Türmen, das von 1945 nach Glenn Seaborg, ist, in Mendelejews Sinn, ein chemisches mit physikalischen Bewehrungen und Stützen. Ein Modell, ein anschaulicher Kompromiss.

Man kann sich das Periodensystem von Wasserstoff bis Oganesson an die Wand hängen, im Schulzimmer oder im Schwerionenforschungszentrum, um chemische Formeln aufzustellen oder um sich neue Elemente zu vergegenwärtigen. Als Arbeitstafel. Man kann es aber, wie Dmitri Mendelejew, auch als Ansatz sehen. So hat er es – für seine Verhältnisse bescheiden – formuliert. Von der »pythagoräischen Idee der Urmaterie« über das »Naturstudium« zur »Ordnung der einfachen Stoffe«.[16] Ein romantisches Projekt für die Moderne. Für die Zeit danach, in der wir leben, kann es alles sein. Man kann das Periodensystem auch als Weltkarte betrachten, als Topografie der inneren Ordnung, als abstraktes Bild von nichts weniger als schlicht allem. Lothar Meyer und Dmitri Mendelejew können, als sie es entwerfen, nichts von Protonen und Elektronen wissen, wie Charles Darwin und Ernst Haeckel nichts von Genen und Aminosäuren wissen können, als sie die gesamte lebende Materie systematisierten und in Stammbäumen sortierten. Aber sie sind da, die Elemente und die Arten. Die Natur hat durchaus einen Sinn für Ordnung und stemmt sich gegen die Entropie, die Unordnung. Der Mensch versucht, die Ordnung zu begreifen, indem er sie darstellt. Dass man in der Leitsprache der Wissenschaft, im Englischen, zurückhaltender von der Periodentafel spricht, sagt alles über das Problem eines solchen abstrakten Bildes: Wo hört das Konkrete auf, und wo fängt die Ästhetik an? Wann endet das Entdecken und wird zum Erfinden? Und wie viel Natur zeigt sich in einem Kunstwerk, wenn man jedes Menschenwerk als künstlich wahrnimmt? Ist das Periodensystem eine Art quantenmechanisches Gemälde?

In seinen chemischen Memoiren *Onkel Wolfram* schreibt der Neurologe Oliver Sacks über seine Erleuchtung durch das Periodensystem: »Es war wie ein Kreuzworträtsel, das sich senkrecht und waagerecht gleichermaßen lösen ließ, nur dass ein Kreuzworträtsel ein willkürliches, rein menschliches Konstrukt war, während das Periodensystem eine tiefere Ordnung der Natur widerspiegelte.«[17] Es ist kein künstliches System wie eine Tonleiter, für die der Mensch sich aus dem Fluss der Töne nur jene herausschöpft, die er schön findet. Es ist von sich aus als natürliche Illustration schön. Wie in jedem schönen Bild kann man hinter die Dinge sehen, die es zeigt, den Mikro- und den Makrokosmos – als würde man mit dem einen Auge durch ein Mikroskop schauen und mit dem anderen durch ein Teleskop. Aber was sieht der Mensch? Die Wahrheit? Gottes Plan oder den leeren Himmel? Wenn er weise ist, erkennt er im Periodensystem seine eigenen Grenzen, seine mangelhaften Sinne und die Schwächen seiner Instrumente, die er anfertigt, um seine Sinne so zu schärfen, dass er sich auf eine von ihm unabhängige Objektivität berufen kann. Aber die Ordnung wird immer intelligenter sein als er. Vielleicht verbirgt sich hinter ihr, ihrem System, das Chaos. Anarchistisch, alchemistisch und agnostisch. »Wissenschaft ist Irrtum auf dem neuesten Stand«, wie Linus Pauling, der Chemie-Nobelpreisträger von 1954, konstatierte. Und von Walter White, dem drogenkochenden Chemielehrer der Fernsehserie *Breaking Bad*, wissen wir, man müsse die Chemie respektieren.

Der Geist der Chemie

Alles ist Chemie, Chemie ist alles. Auch der Mensch. In Princeton stellen Chemiker im Jahr 2002 die Summenformel für den Menschen auf:

$$H_{375.000.000}O_{132.000.000}C_{85.700.000}N_{6.430.000}Ca_{1.500.000}P_{1.020.000}S_{206.000}Na_{183.000}K_{177.000}Cl_{127.000}Mg_{40.000}Si_{38.600}Fe_{2680}Zn_{2110}Cu_{26}Mn_{13}F_{13}Cr_{7}Se_{4}Mo_{3}Co.$$ [18]

Darin soll auch der Geist enthalten sein, woran sich der vielleicht schönste Satz zum Periodensystem, nämlich von C. P. Snow, anschließt: »Aus einem Dschungel wird ein Garten.«[19] Die Natur wird eingehegt durch die Kultur. Die Elemente stehen, wo sie hingehören. Kohlenstoff findet sich bei den Haupt- und Eisen bei den Nebengruppen in der Mitte wieder, sie sind die zentralen Elemente aller höheren lebenden Materie: Kohlenstoff mit seiner Neigung, sich mit seinen eigenen und anderen Atomen zu organischen Substanzen zu verbinden. Eisen mit seinen verschiedenen Wertigkeiten für den Sauerstofftransport im Blut. Ohne Eisen und Kohlenstoff gäbe es auch keine Kultur: die Höhlenzeichnungen in Holzkohle, die Steinkohle des Fortschritts und die Kunststoffe aus Plastik; Eisenschwerter für die blutige Geburt der Zivilisation, der Industriestahl der Moderne und der Rost der zukunftslosen Gegenwart. Im Periodensystem scheint noch immer jedes Element an seinem Platz zu stehen, was die Welt beherrschbar und erkennbar wirken lässt. Die Menschheit, die Vereinten Nationen, feiern es zu seinem 150. Geburtstag im Jahr 2019 mit dem Internationalen Jahr des Periodensystems der Elemente, #IYPT2019 mit dem Kopf vom Dmitri Mendelejew. Mendelejew muss gewusst haben, dass man als Mensch an eine Weltordnung, eine natürliche Intelligenz, nur im Traum glauben kann. Aber wer weiß das schon.

Anmerkungen

1 Zitiert nach Paul Strathern: *Mendelejews Traum*. München 2000, S. 304.
2 Zitiert nach Uta Bilow: *Auf der Spur der Elemente*. München 1999, S. 15.
3 Lukrez: »1. Die Prinzipien, II. Lehrsatz. Die unsichtbaren Atome«, in: ders.: *Über die Natur der Dinge*. Berlin 2015. Online abrufbar unter http://www.zeno.org/Philosophie/M/Lukrez/%C3%9Cber+die+Natur+der+Dinge/1.+Die+Prinzipien/II.+Lehrsatz.+Die+unsichtbaren+Atome [zuletzt abgerufen am 30.07.2019].
4 Justus von Liebig: *Chemische Briefe*. Hildesheim 2003, S. 34.
5 In der Alchemie unter dieser Schreibweise feststehende Begriffe.
6 Denis Diderot: *Encyclopédie, Band 3*. Livorno 1771. Unpaginierte Tafel, Staatliche Museen zu Berlin, Kunstbibliothek, RA X 320 mtl. Auch online abrufbar unter https://fr.wikisource.org/wiki/L'Encyclopédie/1re_édition/CHYMIE_ou_CHIMIE [zuletzt abgerufen am 30.07.2019].
7 Ebd.
8 Antoine de Lavoisier: *Elements of Chemistry*. Mineola 2015.
9 John Dalton: *A New System of Chemical Philosophy*. Lenox 2018.
10 William H. Brock: *Viewegs Geschichte der Chemie*. Berlin 2000, S. 88.
11 Zitiert nach Johannes Willem van Spronsen: *The Periodic System of Chemical Elements*. Amsterdam 1969, S. 64.
12 Lothar Meyer: *Die modernen Theorien der Chemie und ihre Bedeutung für die chemische Statistik*. Breslau 1864.
13 Sam Kean: *Treffen sich zwei Elemente …* Frankfurt am Main 2016, S. 118.
14 Zitiert nach Anthony J. G. Hey et al.: *The New Quantum Universe*. Cambridge 2003, S. 335.
15 Zitiert nach Hanno Charisius: »Wächst das Periodensystem weiter?«, in: *Süddeutsche Zeitung* vom 08.03.2019. Online abrufbar unter https://www.sueddeutsche.de/wissen/periodensystem-kuenstliche-elemente-oganesson-1.4360419 [zuletzt abgerufen am 30.07.2019].
16 Feststehende Begriffe, die sich durch Mendelejews Schriften ziehen.
17 Oliver Sacks: *Onkel Wolfram*. Reinbek 2002, S. 221.
18 Zitiert nach Tim James: *Elemental*. London 2018, S. 4.
19 Zitiert nach Eric R. Scerri: *The Periodic Table. A Very Short Introduction*. Oxford 2011, S. XVIII.

AI WEI WEI
MANIFEST OHNE GRENZEN
kursbuch.edition

»Im Grunde sind wir alle Teile dieses Flüchtlingskosmos, indem wir früher selbst Flüchtlinge waren oder indem wir Menschen zu Flüchtlingen gemacht haben, Opfer und Verursacher zugleich. Dieser direkte Bezug ist nicht zu leugnen. Denn hat nicht auch Unkenntnis über uns selbst, gepaart mit einem Überlegenheitsgefühl, dem Flüchtlingsdrama Vorschub geleistet? Die selbstgerechte Annahme, wir seien von Flüchtlingen unterschieden, ist Teil der Katastrophe. Auch deshalb möchte ich mit diesem Buch die Gedanken schweifen lassen: Wie ist es um die Beziehung zwischen den einzelnen Menschen bestellt, ob nun Flüchtling oder ›Einheimischer‹?«

Ai Weiwei

Norbert F. Pötzl
DER TREUHAND-
KOMPLEX
Legenden. Fakten.
Emotionen.
kursbuch.edition

»Ostdeutsche haben, entgegen landläufiger Vorstellung, durchaus aktiv an der wirtschaftlichen Umgestaltung nach 1990 mitgewirkt, und der Rechtsradikalismus ist keine Folge gebrochener Berufsbiografien. Wohlmeinende Ossi-Versteher in den Medien und populistische Politiker nicht nur der AfD haben die Klischees jahrelang bedient. Das vorliegende Buch tritt den Legenden mit nachprüfbaren Fakten entgegen, ohne dass dabei übersehen wird, dass Erinnerungen auch von Emotionen bestimmt werden. Anhand von zum Teil erst seit Kurzem zugänglichen Dokumenten wird aufgezeigt, was man heute wissen kann, wenn man es wissen will.«

Norbert F. Pötzl

Der Treuhand-Komplex
Legenden. Fakten. Emotionen.
256 Seiten, Hardcover, gebunden
ISBN: 978-3-96196-065-1
Euro 22,– (D), Euro 22,60 (A)
E-Book ISBN: 978-3-96196-102-3
Euro 9,99 (D)
Erscheinungstermin: 10.09.2019

Bettina Thierig, Dorothea Brückner

SUPERORGANISMUS

Eine Entdeckungsreise in die geheime Welt der Bienen

Als die Bienen in den Versuchsbienenstöcken an der Universität Bremen den heißen Sommer 2018 durchflogen, begegneten sich die Bienenwissenschaftlerin Dorothea Brückner und die Künstlerin Bettina Thierig. Dass die Honigbiene etwas Besonderes ist, mit der Kulturgeschichte des Menschen untrennbar verbunden, das ahnte Bildhauerin Thierig bereits und entschied sich in diesem Sommer als Artist in Residence im Hanse-Wissenschaftskolleg in Delmenhorst, ihr Stipendium zu nutzen und tiefer in die Welt der Bienen einzusteigen. Schon nach dem ersten Besuch in Dorothea Brückners Forschungsstelle für Bienenkunde zeichnete sich ab, dass der Austausch zwischen Wissenschaft und Kunst etwas Außergewöhnliches hervorbringen kann. Die beiden Frauen entschieden sich, ein gemeinsames Kunstprojekt vorzubereiten: Bettina Thierig begab sich auf Bienensuche, sammelte Wissen und Eindrücke, machte große Linolschnitte von Strukturen von Bienenflügeln, kombinierte Steinskulpturen mit Bienenwachs und begann, Gedichte über Bienen zu schreiben. Dorothea Brückner zeigte ihr das Leben der Bienen, gab Einblicke in die Bienenforschung und erzählte Geschichten aus ihrer langjährigen Forschungsarbeit. Es begann eine gemeinsame Reise in die Welt der Bienen, ein Austausch der Blickwinkel. Entstanden sind fantastische Geschichten und begeisternde Artefakte zu einem hochkomplexen Organismus, zu kleinen Tieren, die viel mehr können, wissen und leisten, als Menschen vermuten würden. Teil des Kunstprojekts sind neben Texten und Abbildungen auch beeindruckende rasterelektronenmikroskopische Aufnahmen, die ein wenig von der Rätselhaftigkeit der Bienen offenbaren. Michael Haydns Honigfotografien machen die Schönheit, die Textur und die Vielfalt von Honig erfahrbar. Die im Laufe der Evolution entstandene äußerst komplexe Struktur des Bienenkörpers wird an dem geplanten, detailreichen Pop-up-Modell von Antje von Stemm deutlich werden.

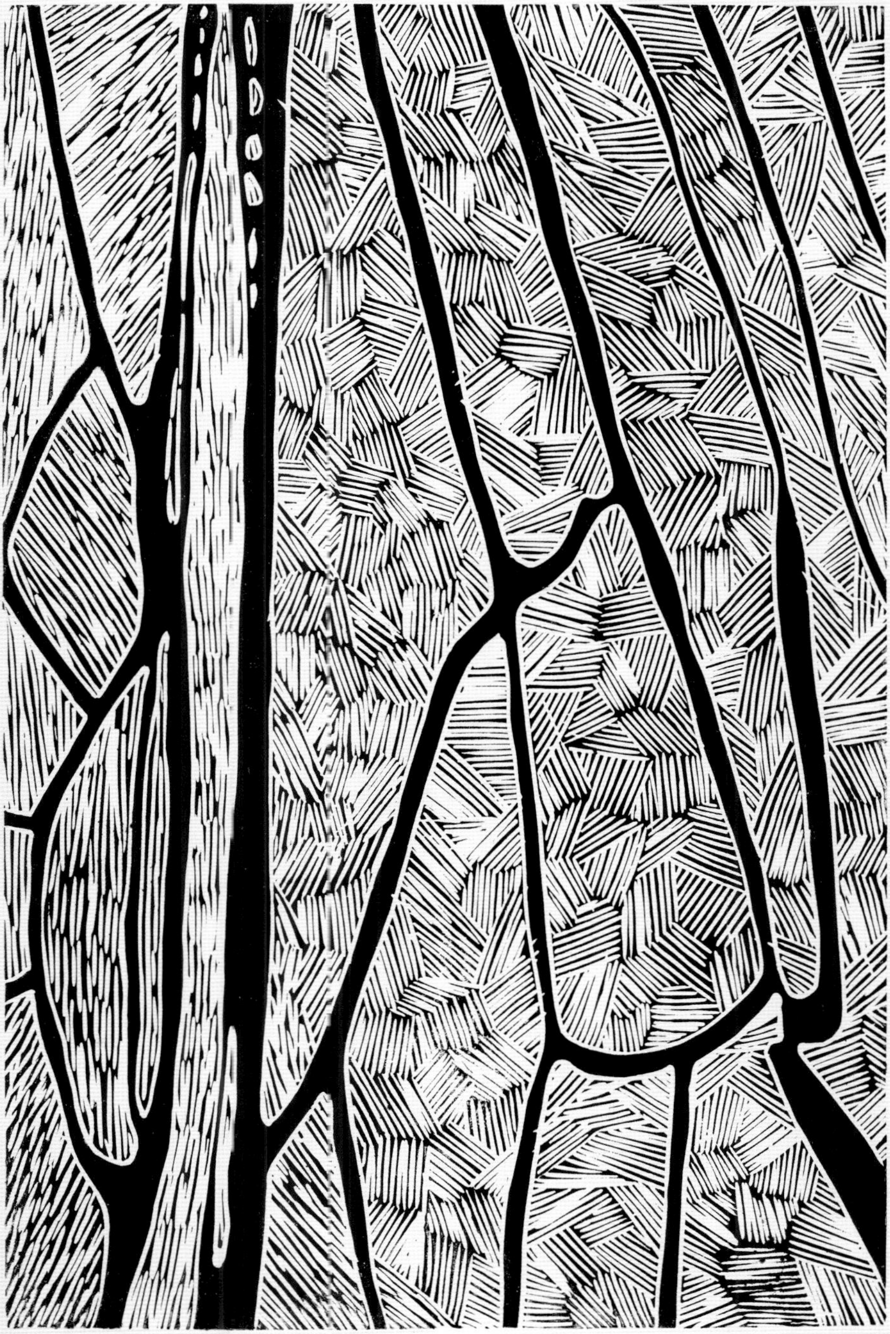

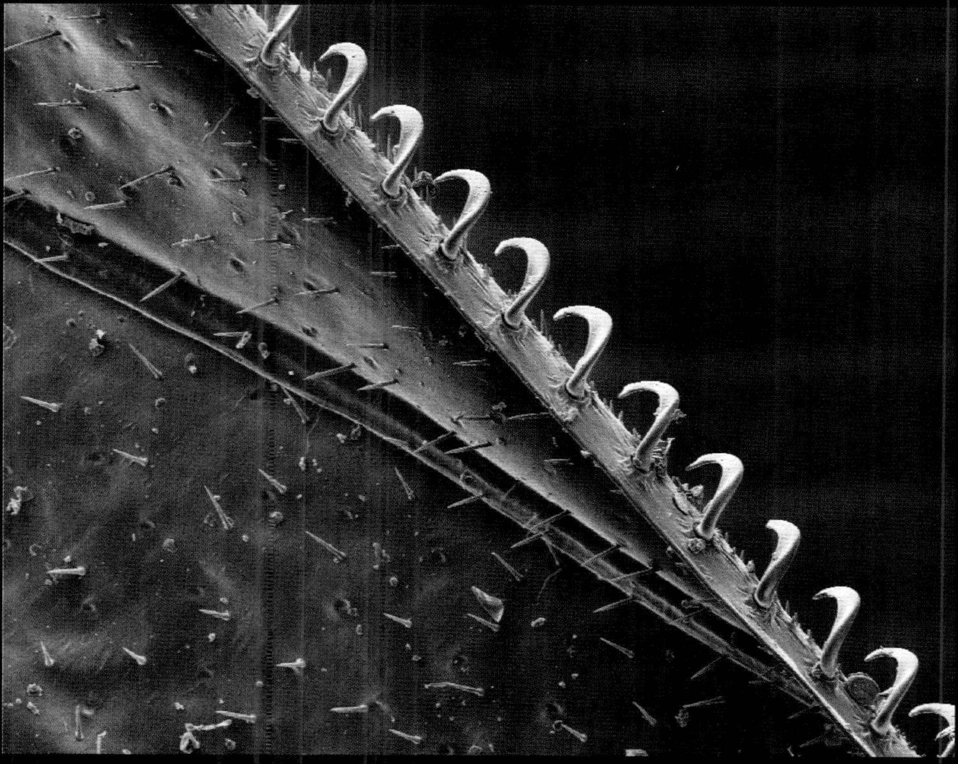

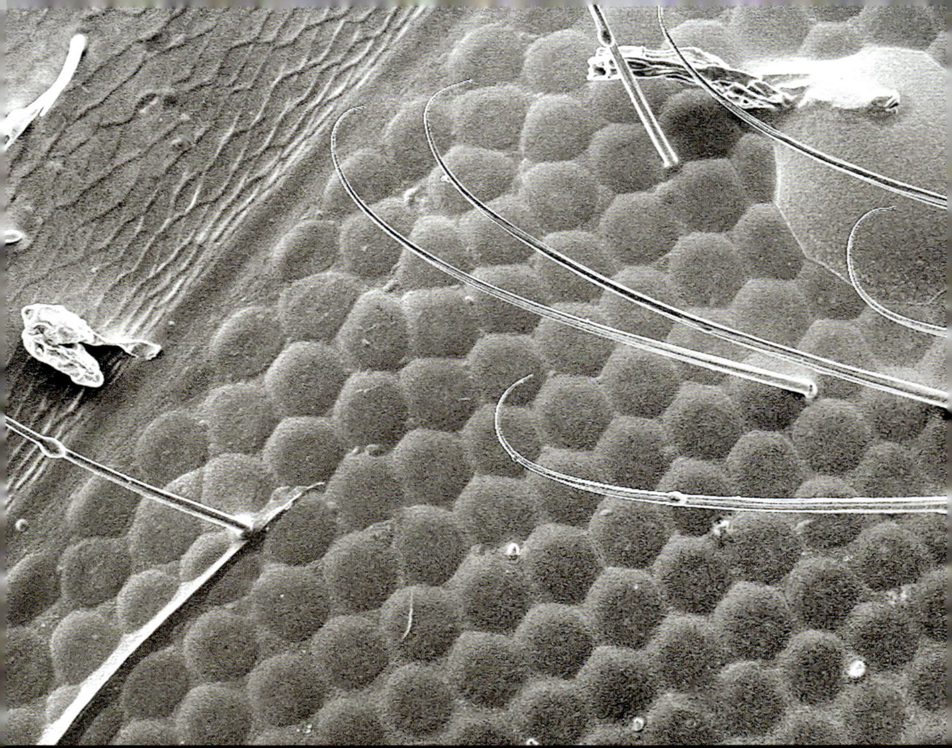

Honigfotografie von Michael Haydn: Sommerblütenhonig, Waldhonig, Lindenhonig und Sonnenblumenhonig | Honigfotografie von Michael Haydn: Akazienhonig, Sommerblütenhonig, Honig aus Kamerun, Sommerblütenhonig, Rapshonig, Sonnenblumenhonig und Buchweizenhonig | Honigfotografie von Michael Haydn: Akazienhonig, Lindenhonig, Buchweizenhonig, Blatthonig und verschiedene Sommerblütenhonige | Honigfotografie von Michael Haydn: schwarzer Honig aus Kamerun, Sommerblütenhonig und Lindenblütenhonig | Honigfotografie von Michael Haydn: Waldhonig, Sommerblütenhonig und Rapshonig | Büste von Bettina Thierig, Savonnières und Bienenwachs, 22 x 13 x 11 cm, 2018. Fotografie von Michael Haydn | Bienenfotografie von Max Schön | Liegende Figur von Bettina Thierig, Savonnières, 26 x 35 x 19 cm, 2018. Fotografie von Michael Haydn | Linoldruck von Bettina Thierig: Menschentanzschritte und Bienentanzmuster, 52 x 40 cm, 2019 | Linoldruck von Bettina Thierig: Bienenflügelstruktur, 78 x 52 cm, 2019 | Rasterelektronenmikroskopaufnahme von Harry Manfeldt: Kopf einer Biene mit friedlichen, nur zum Honigschlecken und Wachskneten ausgebildeten Mundwerkzeugen und Temperatur wahrnehmenden und Riechmoleküle aufnehmenden Sinnesorganen auf den Fühlern, Institut für Anatomie der Universität Lübeck | Rasterelektronenmikroskopaufnahme von Harry Manfeldt: Bienenflügel, Institut für Anatomie der Universität Lübeck | Rasterelektronenmikroskopaufnahme von Harry Manfeldt: Häkchen am Bienenflügel zur festen Verbindung des größeren Vorderflügels mit dem Hinterflügel, Institut für Anatomie der Universität Lübeck | Rasterelektronenmikroskopaufnahme von Harry Manfeldt: wabenförmige Sehzellen der Biene mit Windgeschwindigkeit messenden Härchen, Institut für Anatomie der Universität Lübeck | Büste von Bettina Thierig, Savonnières und Bienenwachs, 18 x 18 x 35 cm, 2018, Fotografie von Michael Haydn | Büste von Bettina Thierig, Savonnières und Bienenwachs, 18 x 18 x 35 cm, 2018, Fotografie von Michael Haydn | Honigfotografie von Michael Haydn: schwarzer Honig aus Kamerun und Sommerblütenhonig | Linoldruck von Bettina Thierig: Biene, 19 x 25 cm, 2018 | Honigfotografie von Michael Haydn: links: Pollen, Kornblumenhonig, Sonnenblumenhonig und Sommerblütenhonig, rechts: schwarzer Honig aus Kamerun, Waldhonig, Sommerblütenhonig und Rapshonig

»Ein Pflanzenextrakt ist gigantisch komplex«

Ein Gespräch mit Michael Popp, einem Doyen der modernen Heilpflanzenmedizin

Von Peter Felixberger und Armin Nassehi

Michael Popp

»Wir können sehr viel aus der Historie lernen, aber wir müssen versuchen, etwas Modernes und Gleicheffizientes daraus zu machen.«

Foto: © Jan Voth

Kursbuch: Heilpflanzenmedizin von früher heißt jetzt Phytoneering. Sie haben diesen Begriff über Ihre Firma Bionorica in die Welt gebracht. Was steckt dahinter? Wissenschaft oder PR-Gag?

Popp: Ich bin bereits um die Jahrtausendwende neue Wege gegangen, die diesen Begriff vom Wesen her integriert hatten. Wir haben eigene Heilpflanzen angebaut, neue Klone gesucht und weiterentwickelt. Wenn Sie bedenken, dass immer noch 90 Prozent aller Heilpflanzen wild gesammelt werden, waren wir echte Pioniere. Anfänglich mussten wir feststellen, dass es überhaupt kein Saatgut gab, weshalb wir in der Natur zunächst die besten Pflanzen gesucht und geklont, aber nicht genetisch verändert haben. Überdies haben wir Stecklingsvermehrung betrieben, wie wir es als Kinder früher gemacht haben: Ast abschneiden und in ein Wassergefäß stecken, abwarten, bis er austreibt. Zu dieser Zeit verfügten wir über erste Patente und neue Fertigungstechnologien. In Neumarkt haben wir moderne großtechnische Anlagen gebaut, mit eigenem Extraktionsverfahren, außerdem haben wir viel in Pharmakologie und Klinik investiert. Mir war damals völlig klar, dass irgendwann meine Arzneimittel nicht mehr von den gesetzlichen Krankenkassen erstattet werden. Deshalb haben wir für Ärzte und Apotheker einen seriösen Begriff gebraucht, der diese Kombination aus wissenschaftlicher Forschung und Herstellung abdecken würde. Mit Martin Stanscheit hatte ich dann einen Kommunikationsexperten, der diesen genialen Begriff auf den Weg gebracht hat. Das Ziel: Bionorica sollte grundlegend anders sein als alle anderen Firmen in diesem Marktsegment. Wir wollten uns wegpositionieren von anderen Phyto- und Homöopathieherstellern, mit denen wir sonst in einen Topf geworfen würden. Substanz, Wirksamkeit und Evidenz sind das Grundgerüst unseres Tuns. In jeder Hinsicht.

Kursbuch: Der Makel der Heilpflanzenmedizin ist offenbar das unwissenschaftliche, fast schon irrational-mythische Auftreten. Jeder braut in seinem Hinterstübchen eine Zaubermixtur.

Popp: 1998 gab es beispielsweise einen unglaublichen Hype um Johanniskraut. Weltweit wurden in diesem Jahr mehr Präparate und Nahrungsergänzungsmittel mit Johanniskraut verkauft, als es geerntet wurde. In vielen war überhaupt kein Johanniskraut drin. Unter dem Deckmantel »pflanzlich« wird bis heute unglaublich viel Scharlatanerie getrieben. Wir fokussieren uns deshalb auf wenige Präparate, weil bereits ein ordentliches Qualitätsverfahren, das wir bei den Zulassungsbehörden einreichen, einen unglaublichen Aufwand bedeutet und viel Geld kostet. Das ist meines Erachtens auch der Schlüssel, warum wir so erfolgreich sind.

Kursbuch: Heilpflanzen gibt es schon sehr lange, längst vor Bionorica und Ihrem Schaffen. Darüber gibt es ein jahrhunderte- bis jahrtausendealtes Wissen. In unterschiedlichen Kulturen, in unterschiedlichen Gesundheitstraditionen. Besteht die Intelligenz der Heilpflanzenforschung in dieser erfahrungswissenschaftlichen Traditionsausbeute mit modernen wissenschaftlichen Analysemethoden oder erforschen Sie etwas grundsätzlich Neues?

Popp: Das Erfahrungswissen hilft uns zunächst sehr viel, obwohl es bisweilen auch fehlleitet. Der Mensch hatte früher nichts anderes als Heilpflanzen. 5000 Jahre v. Chr. hat man beispielsweise bereits Hanf verwendet. Cannabis ist eine der ältesten Heilpflanzen. In der Neuzeit wurde es dann verteufelt, weil man Morphin entdeckt hat. Man kannte vorher die Cannabinoide und besonders das Dronabinol noch nicht. Die THC-Säure, das haben wir auch gesehen, ist unterschiedlich stark in der Pflanze konzentriert. So war ein Patient entweder stoned oder es hat nicht gewirkt. Wir können sehr viel aus der Historie lernen, aber wir müssen versuchen, etwas Modernes und Gleicheffizientes daraus zu machen. Und noch ein Unterschied: Früher hat man mit Heilpflanzen hauptsächlich Tees gebraut. Heute wissen wir, dass wir damit viele wirksamkeitsrelevante Inhaltsstoffe zerstören. Oder dass sich ätherische Öle gleich verflüchtigen. Außerdem bekommt man in Tees oft nicht die Konzentration, die man eigentlich anstrebt. Kurzum: Das Erfahrungswissen ist ein Riesenschatz, auf den wir gerne aufbauen, aber modern forschend kann auch etwas ganz Neues herauskommen. Wir haben gerade eine sehr vielversprechende Pflanze aus Südafrika, die vermutlich über einen spezifischen Rezeptor etwas ganz anderes kann als bisher angenommen. Wir haben auf Pflanze und Extrakt einfach anders draufgesehen. Wir sammeln weltweit Ideen aus Heilpflanzen. Erzählt und empfohlen von Menschen vor Ort.

Kursbuch: Wie viel Eindeutigkeit stellen Sie mit Ihrer Forschung eigentlich her? Man könnte die Frage doppelt codieren: Sie machen Forschung mit Heilpflanzen, was nicht eindeutig sein kann, übrigens ebenso wie bei schulmedizinischen Arzneimitteln, wo Wirkungsweisen ebenfalls nicht so klar sind. Haben wir nicht auch über das klassische Pharmakon bestimmte Mythen im Kopf?

Popp: Ich bin eigentlich froh, und das lehre ich auch meinen Studenten, dass wir alle wieder stärker in die Naturwissenschaften zurückkehren. Die Natur beobachten und das Beste für die Menschen daraus ableiten. 70 Prozent der pharmazeutischen Innovationen weltweit stammen direkt aus der Natur oder sind aus der Natur abgeleitet. Die Zeiten, in denen Hunderte von Fachleuten in den Labors herumgekocht und Moleküle gebastelt haben, sind eigentlich vorbei. In der Natur findet man komplexe Strukturen wie zum Beispiel die Herzglykoside. Die Eibenrinde ist aus der Krebstherapie überhaupt nicht mehr wegzudenken. Und bei Malaria wirken Extrakte aus dem chinesischen Beifuß.

Man muss nur mit der Konzentration und Dosierung aufpassen. Zu viel Fingerhut ist eben giftig. Der Glaube der Schulmedizin, mit einem Molekül oder einer Substanz heilen zu können, gerät ebenfalls ins Wanken. In unserem Sinupret sind fünf Heilpflanzen kombiniert. Mithilfe der künstlichen Intelligenz wird es morgen möglich sein, für jeden Patienten noch spezifischer, noch individueller zugeschnitten Arzneimittel herzustellen.

Kursbuch: Als Sozialwissenschaftler würden wir vieles von dem, was Sie beschreiben, genauso beschreiben. Auch wir suchen nicht die eine Substanz, sondern wir suchen eine komplexe Kombination aus Wechselwirkungen. Es gibt das Ein-Substanz-Denken des Populismus mit einer Lösung für alle Probleme. Sie sehen sich an, wie komplex Gegenstand und Erkenntnis agieren und reagieren.

Popp: Stimmt. Ein Pflanzenextrakt ist gigantisch komplex. Das kann man durchaus mit dem Bau von Flugzeugen vergleichen. Auch wir müssen höllisch aufpassen. Keines unserer Produkte darf einen Wirkverlust haben. Jede Tablette oder andere Darreichungsform muss gleich wirken. Wir müssen uns jede Veränderung genau überlegen, weil wir vorher nicht genau wissen, was wir in der Blackbox tun.

Kursbuch: Sie sind offenbar aktiv in einem Entschlüsselungsbusiness mit permanenter Rekombination der Wirkstoffe. Aber unterwegs in einer Art Blindflug durch den Wissensspeicher Heilpflanze, der noch viel Unbekanntes für Sie bereithält. Gibt es Heilpflanzen, die auserzählt oder ausgeforscht sind?

Popp: Menschen und Heilpflanzen sind gleichermaßen noch nicht richtig erforscht. Letztere wurden einfach nie gewissenhaft erforscht. Wir werden langsam besser, schneller und verfügen über neue Analysetechniken. Im Vergleich: Zwar forschen und publizieren die Chinesen gerade am meisten, aber nicht sehr zielführend. Es wird dort alles viel zu stark in einzelne Moleküle zerlegt. Sie zerstören die komplexe Kombination. So richtig erforscht ist bis heute keine einzige Heilpflanze. Wir lernen täglich, aber vollständig kennen wir keine einzige Heilpflanze.

Kursbuch: Sie kennen also viele Wirkstoffe, aber nicht alle Wirkungen?

Popp: Nein, die meisten Wirkstoffe in unseren Heilpflanzen kennen wir nicht. Ein gutes Beispiel ist die Weidenrinde. Daraus wurde ja einst das Aspirin weiterentwickelt. Die Salicylsäure war unverträglich, und deshalb wurde sie beim Aspirin acetyliert. Es gibt in der Weidenrinde einen noch unbekannten Wirkstoff, der für die antientzündliche Wirkung verantwortlich ist. Daraus haben wir einen Extrakt gemacht, der im Modell nur ein Fünftel äquivalent zu einer Aspirindosierung war. Mit 20 Prozent dieser Vorstufe von Aspirin haben wir die gleiche Wirkung erzielt, aber ohne Magenprobleme. Das heißt im Klartext: In diesem Extrakt muss es noch weitere Wirkstoffe geben, die diesen Effekt ermöglichen. Richtig aufgeklärt haben wir das noch nicht.

Kursbuch: Warum hat die Schulmedizin diesen Forschungsauftrag an den Heilpflanzen nicht übernommen?

Popp: Die Schulmedizin hat die Heilpflanzen eher rausgekickt. Man hat ihnen im Gegensatz zu den kleinen chemischen Molekülen eher eine Placebowirkung unterstellt. Deshalb hatte ich große Schwierigkeiten mit meiner eigenen Forschung. Keiner wollte mit mir kooperieren. Es war ein Glück für mich, dass einige Schulmediziner auf meinen Zug aufgesprungen sind. Heute werden wir dort akzeptiert, aber der Weg war steinig. Im Nachhinein hätte ich es mir nie erträumt, so weit zu kommen.

Kursbuch: Sie bewegen sich in einem sehr komplexen Zwischenbereich. Interessanterweise fanden dort alle innovativen wissenschaftlichen Formen im 20. Jahrhundert statt. Etwa die Gehirnforschung. Keiner würde heute mehr sagen, ein Areal sei kausal für etwas zuständig, sondern dahinter verbergen sich sehr komplexe Wechselwirkungen. Sie sind ein Pionier auf einem Feld, das extrem mit Vorurteilen belegt ist. Gleichzeitig führen Sie das aus, was andere genauso hätten tun können. Ist Ihre Denkungsart so neu? Warum stürzt sich die Schulmedizin nicht auf Ihr Thema?

Popp: Na ja, genau das passiert auch im Moment. Aber leider mit den falschen Methoden. Man versucht, alle Pflanzen vom Barrier Reef bis ins schottische Hochland detailliert zu zerlegen und, so schnell es geht, die Modelle durchlaufen zu lassen. Der komplexe Überbau wird nicht ins Visier genommen. Wir machen das. Unser Anbau der Heilpflanzen ist digital. Wir erzeugen eine riesige Menge an Daten, mit Analysegeräten auf dem Feld, welche die Pflanzen in der letzten Wachstumsphase begleiten und den richtigen Erntezeitpunkt festlegen. Wir begleiten die Pflanze, bis sie bei uns im Extrakt landet. Wir erfassen mit KI die Gesamtpflanze und den Extrakt, ohne dass wir die einzelnen Wirkstoffe genauestens kennen. Immer mit dem Ziel: Jede Packung, die unsere Firma verlässt, muss gleichermaßen wirksam sein. Eines der großen Credos der klassischen Pharmazie.

Kursbuch: Wie können Sie sicher sein, dass in jedem Sinupret die gleiche Dosis an Inhaltsstoffen wirkt?

Popp: Ganz zu 100 Prozent kann man das derzeit nicht sagen. Aber wir kommen dem immer näher. Ich würde sagen: 99,6 Prozent. Mit diesem Wert sind wir längst in der Schulmedizin angekommen. Und mit den heutigen Rechnerleistungen ist der Weg zur Entschlüsselung der Inhaltsstoffe einer Heilpflanze vielleicht doch nicht mehr so weit.

Kursbuch: Bedeutet das auch, dass die Heilpflanzenmedizin bei gefährlichen Erkrankungen wie Krebs in Zukunft eine wichtigere Rolle spielen könnte?

Popp: Gerade in der Krebstherapie werden doch etablierte Naturstoffe bereits verwendet. Zum Beispiel aus der Eibenrinde. Die Naturstoffe sind zurück. Wie gesagt: Die Natur beobachten und daraus lernen ist das

Motto der Zukunft. Alles, was heute wirkt, basiert auf der natürlichen Befähigung des Immunsystems, den Krebs gezielt zu bekämpfen. Das ist der neue therapeutische Weg, der eine immer größere Bedeutung in der Medizin gewinnt. Chemisch ist out. Es war eine Zeit lang das beherrschende Paradigma, aber es ist eine Sackgasse. Das Laborbuch der Natur ist prall gefüllt.

Kursbuch: Warum sind eigentlich Sie, Herr Popp, auf diese guten Lösungen gekommen und nicht andere? Was ist Ihre spezielle Intelligenz?

Popp: Das ist keine Intelligenz. Irgendwie war es auch Kränkung, mit meinem Ansatz in der Medizin anfangs nicht gehört und anerkannt zu werden. Ich hatte deshalb den Ehrgeiz, es beweisen zu wollen. Und dann mit einigen Mitstreitern einfach begonnen. Verrückt manchmal. Ohne Pioniere und Verrückte ging es sowieso nicht.

Kursbuch: Sie haben in den letzten Jahren das Phytoneering in Innsbruck an der Uni institutionalisiert. Gibt es bei jungen Menschen eine grüne Aufbruchstimmung? Im Moment sprießen ja grüne Lebens-, Gesundheits- und Ernährungsstile geradezu aus dem Boden.

Popp: Zum Glück gibt es dieses Umdenken bei den Studenten. Es geht nicht mehr nur ums Geld, sondern um Sinnstiftung im Leben. Wir sind nicht nur nachhaltig erfolgreich, wachsen nachhaltig, wir tun auch sehr viel für unsere Mitarbeiter, wir bieten entsprechende Arbeitszeitmodelle und sind ökonomisch erfolgreich. Und heute forschen viele intensiv in der Natur weiter. Aber oft nicht wie wir, die wir die komplexen Systeme im Extrakt aufrechterhalten.

Kursbuch: Wenn man nach Russland blickt, wo ihr größter Markt herrscht, verhält es sich anders. Dort war die Heilpflanzenmedizin schon immer ein wichtiger Bestandteil im Alltag der Menschen. Warum?

Popp: Stimmt. Es gab interessanterweise zwei Produkte, die dort seit jeher gut gelaufen sind: eine Weißdorn- und eine Baldriantinktur. Keine Ahnung, ob das ähnlich zum Klosterfrau Melissengeist war, den unsere Mütterchen gekauft haben, nach dem Motto: Eine halbe Flasche tut gut, ist ja Medizin (lacht). Im Ernst: Die Russen haben sehr viel Naturstoffforschung betrieben bis zum Ende der Sowjetunion. Meistens für militärische Zwecke oder zur Leistungssteigerung. Gleichzeitig waren sie von unseren modernen Schulmedizinpräparaten abgeschnitten.

In Russland herrscht überdies eine große Offenheit der Topärzte und Key Opinion Leader für Naturmedizin. Dadurch wurde viel ausprobiert und ein großer Wissensschatz aufgehäuft. Wir richten deshalb jedes Jahr in Russland einen wissenschaftlichen Kongress aus, wo wir uns für den Austausch der neuen Erkenntnisse viel Zeit nehmen. Osteuropa ist ein großes Reservoir für zukünftige Patente. Mit einem überragenden Forschergeist bis in die letzten Winkel des Landes, von dem wir sehr profitieren. Nebenbei bringen wir auch die Russen mit den Ukrainern zusammen, denn Wissenschaftler ziehen systemübergreifend an einem Strang, wenn sie das Neue suchen.

Kursbuch: Besteht der Schlüssel zur Intelligenz bei Ihnen darin, es einfach anders zu machen?

Popp: Ja, bewusst anders machen. Als beispielsweise unsere Präparate nicht mehr über die Krankenkasse abgerechnet werden konnten, sind wir trotzdem beim Arzt geblieben. Unsere Wettbewerber haben das nicht gemacht. Oder 1998, Rubelverfall in Russland auf ein Viertel des vorherigen Werts. Die Großindustrie hat Russland verlassen, wir sind geblieben und haben dort investiert. Wir denken nach wie vor in langfristiger Perspektive. Kurzum: Wir haben uns in vielen Fällen anders verhalten.

Kursbuch: Was ist Ihre Lieblingsheilpflanze?

Popp: Da gibt es mehrere. Schlüsselblume, Thymian, Rosmarin. Bei allen gibt es gute pharmakologische Effekte. Bei der Schlüsselblume etwa verwenden wir sowohl die Blüten als auch die Wurzeln. Mit unterschiedlichen therapeutischen Einsatzzwecken. Aber es gibt auch Pflanzen, die ich noch immer nicht verstehe. Das ist manchmal ein Jammer, wenn wir einfach nicht den richtigen Durchblick haben.

Das Gespräch fand am 10. Juli 2019 in München statt.

Harro von Senger

Der Tiger vom Berg

Weisheit im chinesischen Alltag

Worterklärungen

Das Wort »Strategem« lässt unwillkürlich an das Wort »Strategie« denken und mag die Vermutung nähren, dass beide Wörter austauschbar seien. Beide Wörter sind aber auseinanderzuhalten. Unter »Strategie« sollte man in Anlehnung an den Wortgebrauch im Werk *Vom Kriege* von Carl von Clausewitz eine langfristige, grundsätzliche Planung verstehen, wobei auch auf das Wort »Taktik« hinzuweisen ist, das sich auf eine kurzfristige Planung, bisweilen im Dienste einer Strategie, bezieht.[1] Strategem dagegen bedeutet »Kriegslist«, »Kunstgriff«, »geschickt erdachte Maßnahme«.[2] Aus chinesischer Sicht können Strategeme, ob im Krieg, in der Politik, in der Wirtschaft oder im Alltag, sowohl strategisch als auch taktisch eingesetzt werden. Das ins Gesichtsfeld rückende Wort »List« hat einen etwas anrüchigen Klang – jedenfalls im Deutschen. Chinesische Wörter, die dem deutschen »List« entsprechen, haben eine neutrale, wenn nicht gar positive Konnotation. Deshalb ziehe ich es vor, von »Strategemen« zu sprechen, zumal mein Thema die List in China umkreist.

Ich benutze »Strategem« als neutral klingendes, keinerlei Negativfärbung aufweisendes Alternativwort für »List«. Was aber ist eine »List«? Eine Antwort liefert ein Zitat aus dem *Duden*:

> »List, die: […] *Mittel, mit dessen Hilfe man (andere täuschend) etwas zu erreichen sucht, was man auf normalem Wege nicht erreichen könnte*: eine teuflische List […].«[3]

Das erste vom *Duden* präsentierte Beispiel einer Verwendung des Wortes »List«, nämlich »eine teuflische List«, bestätigt meine Aussage, wonach »List« vielfach in einen negativen Kontext gestellt wird. Den Blick richten möchte ich aber auf die vom *Duden* vermittelte Erklärung der Bedeutung des Wortes »List«. Vereinfacht gesagt ist »List« laut *Duden* eine schlaue, unorthodoxe, außergewöhnliche Problemlösungsmaßnahme, über die man verblüfft ausruft: »Auf so etwas wäre ich nie gekommen!« Was die Ergänzung in Klammern angeht, erkundigte ich mich bei der Dudenredaktion nach deren Bewandtnis und erhielt die Antwort, dass dadurch zum Ausdruck gebracht werden solle, dass die Täuschung kein Wesensmerkmal jeglicher List sei und dass es auch täuschungsfreie List gebe.

Insofern kann die Deutung der »List« aus dem *Duden* durchaus eine Brücke zur Definition im Chinesischen darstellen:

»Chu qi zhi sheng (出奇制胜)« bedeutet »Etwas Außergewöhnliches erzeugen und [so] den Sieg erringen«. Hervorgehoben als Kennzeichen von »List« wird auch in China der außergewöhnliche, unorthodoxe, aus dem Rahmen fallende Weg zum Erfolg. Von Täuschung ist keine Rede – woraus allerdings nicht der Schluss zu ziehen ist, dass aus chinesischer Sicht das »Außergewöhnliche« nicht auch auf Täuschung beruhen könne.

Die 36 Strategeme

Vor etwa 500 Jahren entstand in China eine Broschüre mit dem Titel *Sanshiliu Ji Miben Bingfa* (三十六计秘本兵法), auf Deutsch *36 Strategeme. Das geheime Buch der Kriegskunst*. Es besteht aus 38 Teilen, einem Vorwort, einem Nachwort und 36 Kapiteln. Jedes Kapitel besteht aus einer Kapitelnummer, also 1 bis 36, einer Strategem-Formel, also einer Kurzbeschreibung des jeweiligen Strategems, einer theoretischen Erörterung desselben und einer Wiedergabe von Beispielen der Anwendung des betreffenden Strategems in der chinesischen Geschichte. Wenn man nur die Kapitelnummern und die Strategem-Formeln übersetzt, ergibt sich die folgende »Listenliste«:

1. »Den Himmel täuschend das Meer überqueren/den Kaiser täuschen [indem man ihn in ein Haus am Meeresstrand einlädt, das in Wirklichkeit ein verkleidetes Schiff ist] und [ihn so dazu veranlassen,] das Meer [zu] überqueren
2. [Die ungeschützte Hauptstadt des Staates] Wei belagern, um [den durch die Hauptstreitmacht des Staates Wei angegriffenen Staat] Zhao zu retten
3. Mit dem Messer eines anderen töten
4. Ausgeruht den erschöpften Feind erwarten
5. Eine Feuersbrunst für einen Raub ausnützen
6. Im Osten lärmen, im Westen angreifen
7. Aus einem Nichts etwas erzeugen
8. Sichtbar die [verbrannten] Holzstege [durch die Gebirgsschluchten von Hanzhong nach Guanzhong wieder] instandsetzen, insgeheim [aber vor beendeter Reparatur auf einem Umweg] durch Chencang [nach Guanzhong] marschieren
9. [Scheinbar unbeteiligt] die Feuersbrunst am gegenüberliegenden Ufer beobachten
10. Hinter dem Lächeln den Dolch verbergen
11. Den Pflaumenbaum anstelle des Pfirsichbaums verdorren lassen
12. Mit leichter Hand das [einem unerwartet über den Weg laufende] Schaf [geistesgegenwärtig] wegführen
13. Auf das Gras schlagen, um die Schlangen aufzuscheuchen [und dadurch in Erfahrung zu bringen, ob und wo im Gras Schlangen lauern]
14. Für die Rückkehr der Seele einen Leichnam ausleihen
15. Den Tiger vom Berg in die Ebene locken
16. Will man [etwas] fangen, muss man [es] zunächst loslassen
17. Einen Backstein hinwerfen, um einen Jadestein zu erlangen

18. Will man eine Räuberbande fangen, [muss man erst] deren Anführer fangen
19. Unter dem Kessel das Brennholz wegziehen
20. Das Wasser trüben, um die [ihrer klaren Sicht beraubten] Fische zu ergreifen/Im Trüben fischen
21. Die Zikade entschlüpft ihrer goldglänzenden Hülle
22. Die Türe schließen und den Dieb fangen
23. Sich mit dem fernen [Feind] verbünden, um den nahen [Feind] anzugreifen
24. Einen Weg [durch den Staat Yu] für einen Angriff gegen [dessen Nachbarstaat] Guo ausleihen [um nach der Besetzung von Guo auch Yu zu erobern]
25. [Ohne Veränderung der Fassade eines Hauses in dessen Innerem] die Tragbalken stehlen und die Stützpfosten austauschen
26. Die Akazie schelten, [dabei aber] auf den Maulbeerbaum zeigen
27. Verrücktheit mimen, ohne das Gleichgewicht zu verlieren
28. Auf das Dach locken, um dann die Leiter wegzuziehen
29. Einen [dürren] Baum mit [künstlichen] Blüten schmücken
30. Die Rolle des Gastes in die des Gastgebers umkehren
31. Das Strategem der schönen Frau/Sex-, Korrumpierungs-Strategem
32. Das Strategem der Öffnung der Tore [einer in Wirklichkeit nicht verteidigungsbereiten Stadt]
33. 1. Das Agentenstrategem
    2. Das Strategem des Zwietrachtsäens
34. Das Strategem des leidenden Fleisches/der Selbstverletzung
35. 1. Das Ketten-Strategem
    2. Die Strategem-Verkettung
36. [Rechtzeitiges] Weglaufen ist [bei sich abzeichnender völliger Aussichtslosigkeit] das Beste.«

Die 36 Strategeme spiegeln allgemein menschliches, listiges Verhalten wider. Es haftet an ihnen nichts spezifisch Chinesisches, es sei denn, ein Strategem weist auf ein chinesisches historisches Ereignis hin. Aber wenn man den abstrakten Kerngehalt aus dem konkreten Beispiel extrahiert, sind auch diese Strategeme ohne Weiteres verständlich. Viele Strategeme leuchten ohne chinesisches Hintergrundwissen sofort ein. Spezifisch chinesisch ist allerdings die Zusammenstellung so vieler Listtechniken in einem Buch. Etwas Vergleichbares ist meines Wissens in keiner anderen Zivilisation unternommen worden.[4]

Die Einbettung der 36 Strategeme in die chinesische Kunst der Planung »Moulüe«

Am 2. Juli 2013 erschien in der *Renmin Ribao (Volkszeitung)*, dem Sprachrohr des Zentralkomitees der Kommunistischen Partei Chinas, ein ganzseitiges Inserat über eine »Sammlung von 30 überlieferten klassischen chinesischen Werken«.[5] Sie wurde in einer limitieren Auflage von 500 Exemplaren zum Preis von 36 000 Yuan (etwa 4700 Euro) angeboten. Unter die 30 klassischen chinesischen Werke war neben den *Gesprächen* des Konfuzius und Lao Zis *Daodejing* auch das Traktat *Die 36 Strategeme* eingereiht. Der dem Traktat gewidmete Werbetext lautete:

> »Dieses Buch verallgemeinert das Strategem[wissen] der Militärexperten der chinesischen Antike. Es ist ein berühmtes Werk der militärischen Moulüe und der Inbegriff der Militärexpertise und des Einfallsreichtums der aufeinanderfolgenden Epochen [der chinesischen Geschichte]. Nicht nur für angemessene Maßnahmen im militärischen Bereich und im politischen Kampf, sondern auch für das gesamte soziale Leben, für Wirtschaft und Diplomatie sowie für den zwischenmenschlichen Umgang ist es im höchsten Maße umsetzbar.«

Mit dem Wort »Moulüe« wird eine bestimmte Planungskunst bezeichnet, die im Westen unbekannt ist.[6] Man sollte nicht glauben, dass Chinesen unaufhörlich in den Kategorien von Strategemen denken und vorgehen. Als Quintessenz der chinesischen Listkunde sind die 36 Strategeme vielmehr einzuordnen in die chinesische Kunst der Planung »Moulüe«. Ein Charakteristikum von »Moulüe« ist die grundsätzlich simultan mögliche, bewusste Berücksichtigung konventioneller, allgemein üblicher und unkonventioneller, insbesondere listiger Problemlösungsoptionen. »Moulüe« steht also »über« – auf Lateinisch »supra« – routinegemäßen, transparenten, beispielsweise juristischen, und außerroutinemäßigen, strategemischen Problemlösungsoptionen. »Moulüe« überwölbt beides. Daher übersetze ich dieses Wort nach jahrzehntelangem Ringen um einen adäquaten deutschen Terminus mit »Supraplanung«.

Nun verhält es sich nicht so, dass listige Handhaben und unlistige Herangehensweisen im täglichen Leben von Chinesinnen und Chinesen einander die Waage halten oder listiges und unlistiges Verhalten in der chinesischen Lebenspraxis zueinander im Verhältnis »fifty-fifty« stehen. Vielmehr wird in China stets versucht, ein Problem auf transparente Art und Weise nach allgemein anerkannten Regeln zu lösen. Listiges Vorgehen sollte nur dann infrage kommen, wenn herkömmliches, routinemäßiges Vorgehen nicht zielführend ist, womit man sogleich wieder auf den *Duden* zurückkommt: »Schlaues Mittel, mit dessen Hilfe man etwas zu erreichen sucht, was man auf normalem Wege nicht erreichen kann.« Der »normale Weg« ist für Chinesinnen und Chinesen der Weg, der zuallererst und vordringlich ins Auge gefasst wird.

Das spezifische chinesische Weisheitsverständnis

Westliches Planungsdenken, wie es oftmals, zum Beispiel im Rahmen des Harvard-Konzepts,[7] empfohlen wird, schließt Strategeme als mögliche Handlungsoption weitgehend aus.[8] Der im Westen übliche Ausschluss beziehungsweise der in China selbstverständliche Einbezug listiger Handlungsoptionen dürfte mit den unterschiedlichen Weisheitsverständnissen in China und im Westen zusammenhängen. Roland Barthes hat unrecht, wenn er behauptet: »Was wir in Betrachtung des Orients anstreben können, ist [...] keine andere Weisheit.«[9] In Wirklichkeit verfügt China über eine andere Weisheit. Die chinesische Weisheit, die nicht streng von der Klugheit abgegrenzt wird, ist umfassender als die abendländische – was im chinesischen Schriftzeichen »智« für »Weisheit« zum Ausdruck kommt. Dieses Schriftzeichen (moderne Aussprache gemäß der Pinyin-Umschrift: »zhi«) kann je nach Kontext auch »List« bedeuten:

> »智 (*chìh4*[10]) 1. Sagesse; intelligence; perspicacité. […] b. L'une des cinq vertus confucéennes […] 5. Stratagème, ruse, moyen habil […].« (In der deutschen Übersetzung: »1. Weisheit; Intelligenz; Scharfblick. […] b. Eine der konfuzianischen Tugenden […] 5. Strategem, List, geschicktes Mittel […].«)[11]

Wer in einer schwierigen Situation nicht bloßem Routinedenken verhaftet ist und es vermag, nicht nur in ausgefahrenen Gleisen zu denken, sondern gar fähig ist, einen ausgefallenen Weg zu ersinnen, der zum Ziele führt – der ist aus chinesischer Sicht intelligent. Daher erstaunt es nicht, dass das zentrale Schriftzeichen für die konfuzianische Kardinaltugend Weisheit beziehungsweise Klugheit zugleich auch »Strategem« bedeutet. Demgegenüber schließt das landläufige westliche Verständnis von Weisheit die Listkompetenz aus. Vereinzelt gibt es auch im christlichen Abendland Texte, in denen Weisheit und Klugheit im Sinne von Strategem-Wissen verstanden werden. Um dies aufzuzeigen, erlaube ich mir in meinen Vorträgen über Strategeme regelmäßig, das Publikum einem Test zu unterziehen, und stelle die Frage, von wem die folgende Sentenz stammt: »Seid klug wie die Schlangen und sanft wie die Tauben«?

Immer wieder liefert dieser Test das von mir schon gedachte, augenfällige Ergebnis: Von circa 200 Anwesenden meldete sich einmal nur eine Person, die wusste, dass es sich um ein Bibelzitat handelt, genauer einen Ausspruch von Jesus Christus.[12] Auch mir war der Jesus-Rat bis ins vorgerückte Alter unbekannt geblieben, obwohl ich acht Jahre lang das Gymnasium des Benediktinerklosters Einsiedeln besucht hatte. Erst

Jahre nach dem Abitur fiel mir ein Buch des berühmten chinesischen Gelehrten Lin Yutang in die Hände. Folgende Stelle weckte meine Aufmerksamkeit:

> »Wir lehren unsere Jugend nicht, wahre Kinder Gottes zu werden, sondern sich zu verhalten wie verständige, normale Menschengeschöpfe. Aus diesem Grunde glaube ich auch, dass die Chinesen im tiefsten Wesen humanistisch sind und dass das Christentum bei ihnen keinen Boden gewinnen kann, es sei denn, es würde zuvor bis zur Unkenntlichkeit verändert. *Nur ein Stück christlicher Lehre wird das chinesische Volk gewiss gerne annehmen, nämlich Christi Aufforderung, ohne Falsch wie die Tauben und klug wie die Schlangen zu sein.*«[13]

Dass Christi Aufforderung, ohne Falsch wie die Tauben und klug wie die Schlangen zu sein, seit annähernd zwei Jahrtausenden bei Europäerinnen und Europäern nicht auf die geringste Resonanz gestoßen ist, einem Chinesen aber als einzig wertvoller Gehalt der christlichen Lehre erscheint, ist offensichtlich ein Indiz für die unterschiedlichen Auffassungen von Europäern und Chinesen zu Weisheit und Klugheit.

Abendland: »So darfst du nicht vom Menschen denken!«

Die weitreichende Konsequenz daraus, wie wenig dieses spezifisch umfassend-listige Denken in uns verankert ist, lässt sich an einem Beispiel demonstrieren. 2005 veröffentlichte ein damaliger Abt eines Schweizer Benediktinerklosters folgendes Erlebnis:

> »Bei einem einwöchigen Aufenthalt in Rom wollte ich ein Buch zu Ende schreiben und anschliessend zum Druck abgeben. Jede freie Minute nutzte ich dazu. So bestieg ich am Ende meines Aufenthaltes zufrieden den Zug zum Flughafen. Die grosse Reisetasche versorgte ich im Gepäckhalter, die Mappe mit dem Laptop stellte ich auf den Sitz. Die halbe Stunde Zugfahrt wollte ich nutzen, um noch am Text zu feilen. Da klopfte es ans Fenster. Ein junger Herr zeigte seine Fahr-

karte und wollte mich etwas fragen. Er bat mich durch Zeichen zum Eingang des Wagens. Blitzartig kam mir der Gedanke: ›Ist das nicht ein Ablenkmanöver?‹«

Hier dachte der Abt während Sekundenbruchteilen im Sinne des chinesischen Verständnisses von Weisheit. Aber eine solche Art von Klugheit, die versucht, hinter die Kulissen zu blicken, erscheint dem Abt als mühsam. Stattdessen setzt er auf Vertrauensseligkeit und Treuherzigkeit – gewissermaßen auf ein abendländisches Weisheitsverständnis.

»Im Wagen waren nur zwei Leute, und ich wies mich innerlich zurecht: ›So darfst du nicht vom Menschen denken!‹ Und ich ging zum Eingang. Der junge Herr wollte wissen, wo man das Ticket entwerten müsse. Ich sagte ihm, dass sich der entsprechende Apparat am Anfang des Perrons befinde. Dann fragte er mich, wohin dieser Zug fahre. Weil er meine Antwort nicht verstand, musste ich sie wiederholen. Und in dem Moment merkte ich, dass es sich doch um ein Ablenkmanöver handelte. Ich ging zurück zum Platz. Es war zu spät: Die Handtasche war weg. Ein Komplize, der von der anderen Wagenseite gekommen war, hatte sie mitgenommen. Das durfte nicht wahr sein! Die Ausgabe der Benediktsregel, in die ich seit Jahren meine Notizen hineingeschrieben hatte, mein Gebetbuch und mein Flugticket waren weg. Weg war auch mein Computer mit dem fast fertigen Text für das Buch. Eine solche Erfahrung zeigt uns, wie sehr wir an Dingen und Leistungen hängen, von denen wir uns frei fühlten.«[14]

Hätte der Abt statt »So darfst du nicht vom Menschen denken« an den ihm offenbar unbekannten Rat von Jesus gedacht: »Seid klug wie die Schlangen und sanft wie die Tauben«, dann hätte er zum Beispiel den jungen Mann ins Abteil winken oder sich so an den Wagenausgang stellen können, dass er sein Abteil nicht aus dem Auge verloren hätte. Gegebenenfalls hätte er mit seinem Gepäck zum Wagenausgang gehen können. Wie schade, dass der Abt im entscheidenden Augenblick nicht an den ausgezeichneten Rat Jesu gedacht hat.

China: »So darfst du vom Menschen denken!«

Der in der Volksrepublik China berühmte Schriftsteller Mao Dun beschreibt in einem seiner Romane folgende Szene, von der man durchaus annehmen kann, dass sie aus dem Leben gegriffen ist.

Zhao Botao, der Gegenspieler des Unternehmers Wu Sunfu, hat dem Bankier Du Zhuzhai soeben die Gründung eines Konsortiums für den Handel mit höchst unsicheren Staatsanleihen vorgeschlagen. Dafür benötigt er innerhalb von zwei Tagen vier Millionen Dollar in bar. Im Text des Romans heißt es nun:

> »Zhuzhai dachte angestrengt nach. Er kannte diesen Zhao als weitschauenden Rechner und Strategen [...]. Aber er kannte ihn auch als Mann des Bluffs. Als er jetzt die Augen wieder aufschlug und Zhaos stechenden unergründlichen Blick auf sich geheftet sah, da schoss ihm ein Gedanke durch die Ganglien seines Hirns: Der Kerl hat Angst, ganz schäbige Angst! Er weiß, dass er sich mit seiner Haussespekulation verrechnet hat, und nun zittert er vor dem nahe drohenden Börsenabrechnungstermin [...]. Und das ganze hochtrabende Projekt dieses angeblichen Haussekonsortiums ist am Ende nichts weiter als das Strategem ›Die Zikade entschlüpft ihrer goldglänzenden Hülle‹, also weiter nichts als ein Mittel, um sich seiner augenblicklichen Finanznöte zu entledigen.«[15]

Seine Wachsamkeit veranlasste den Bankier, innezuhalten und nicht sofort auf den Wunsch von Zhao Botao einzugehen. Längere Abklärungen ergaben schließlich, dass Zhao Botaos Vorschlag kein Bluff war. Die Strategem-Vermutung erwies sich also letztlich als unbegründet. Dennoch: In China sagt man sich, dass man lieber in zehn Fällen eine alles verkomplizierende, wenn auch in neun Fällen unbegründete strategemische Mutmaßung anstellt, um dank der zehnten und diesmal begründeten, also zutreffenden strategemischen Analyse nicht über den Tisch gezogen zu werden.

Eigentlich ganz im Sinne der von Jesu empfohlenen Schlangenklugheit werden in vielen chinesischen Büchern die 36 Strategeme in einen Zusammenhang mit Weisheit und Klugheit gestellt. So erschien das Buch *Geschichten über die 36 Strategeme*[16] in der Reihe *Der kluge Chinese*[17]. Ein anderes Buch trägt den Titel *Die Weisheit der 36 Strategeme. Klassische Weisheit, jahrtausendelang überliefert*[18]. Eine Werbezeile auf dem Deckel des Buchs *Die 36 Strategeme für die Frau*[19] lautet:

> »Die Lektüre der *36 Strategeme für die Frau* kann Sie in die Lage versetzen, sowohl schön als auch weise zu sein.«

Strategeme im chinesischen Alltag vor und nach dem Eintritt Chinas in das Zeitalter der Digitalisierung

Nun fiel der Bericht über das Image der Strategeme in China sehr positiv aus. Aber in den 1990er-Jahren zeitigte die durch eine Vielzahl von Veröffentlichungen geförderte Verbreitung dieses Wissens um die 36 Strategeme in China auch negative Folgen.

Besonders mit Blick auf die Wirtschaft wurden zahlreiche Strategem-Bücher publiziert. Sie entsprangen der chinesischen Neigung, den »Marktplatz« mit einem »Schlachtfeld« zu vergleichen (»shangchang ru zhanchang« bedeutet »der Marktplatz ist wie ein Schlachtfeld«), was allerdings auf Kritik stieß, wie etwa aus einem Kommentar deutlich wird, der im Mai 1997 in der *Volkszeitung* veröffentlicht wurde:

> »Jeder Vergleich hat seine Haken. Das will nicht gleich besagen, er sei falsch, aber man darf ihn doch auch auf keinen Fall überstrapazieren […]. So darf man beim Konkurrenzkampf zwischen Unternehmen das Gegenüber nicht als einen Feind betrachten, dem man auf Biegen und Brechen alle möglichen Fallen stellt und dem man ohne jedes Bedenken Schaden zufügt. Denn in diesem Bereich herrscht

Wettbewerb und nicht Krieg [...]. Sowohl beim wirtschaftlichen Wettbewerb als auch beim echten Krieg geht es um Sieg und Niederlage. Doch der Wesensunterschied beruht darin, dass im Wirtschaftskampf zwar Rivalität, aber nicht wie im Krieg Feindschaft besteht. Zahlreiche von der Kriegstheorie vermittelte Einsichten können in der wirtschaftlichen Auseinandersetzung sinngemäß benutzt werden. So wird beim unternehmerischen Wettbewerb wie übrigens auch im sportlichen Wettstreit Wert auf Strategie und Taktik gelegt. Grundsätze der Kriegsführung wie ›Die Fülle meiden, die Leere angreifen‹ [vgl. Strategem Nr. 2] und ›Krieg ist ohne Beständigkeit‹ bedeuten, auf das Unternehmertum übertragen, dass man dort, wo die Konkurrenz schwach ist, seine Stärken entfalten und Schwachstellen ausmerzen und dass man sich den Veränderungen des Marktes ständig anpassen sollte. Aber Strategeme wie ›Mit dem Messer eines anderen töten‹ [Strategem Nr. 3], ›Aus einem Nichts etwas erzeugen‹ [Strategem Nr. 7], ›Das Strategem der schönen Frau‹ [Strategem Nr. 31] und ›Das Agentenstrategem‹ [Strategem Nr. 33] darf man im wirtschaftlichen Wettbewerb gegenüber seinen Standesgenossen auf keinen Fall anwenden. Mithilfe von Strategemen wie ›Den Kaiser täuschen und das Meer überqueren‹ [Strategem Nr. 1] und ›Die Zikade entschlüpft ihrer goldglänzenden Hülle‹ [Strategem Nr. 21] betreiben heutzutage einige Gesetzesbrecher Schmuggel großen Stils, umgehen ihre Steuerpflichten und produzieren oder vertreiben gefälschte oder minderwertige Produkte. Das sind unerträgliche Vorgehensweisen, die denn auch staatlicherseits unnachsichtig bekämpft werden. Wie heißt es doch im Volksmund: ›Pflicht geht über Profit‹ und: ›Mag auch das Geschäft misslingen, wenn nur Pflicht und Menschenliebe obenauf schwingen.‹ Berufsethik ist gefragt, nicht menschenschädigendes Verhalten [...]!«[20]

Es dauerte nicht lange, bis auch chinesische Konsumentinnen und Konsumenten Opfer dieser unheilvoll angewandten Strategeme wurden. Die Weisheit im spezifisch chinesischen Verständnis wurde allzu oft für krumme Touren, ja kriminelle Machenschaften eingesetzt. Alle möglichen Waren wurden gefälscht oder gepantscht, manchmal, etwa bei Alkohol, mit tödlichen Folgen. »Jia« und »mao«, beides Wörter für »gefälscht«, tauchten immer häufiger in der chinesischen Presse auf, ebenso der Ausdruck »dajia«, der »Fälschungsbekämpfung« bedeutet. In das revidierte chinesische *Strafgesetzbuch* wurde eigens ein Abschnitt über das Verbrechen der Herstellung und des Verkaufs gefälschter oder schlechter Waren aufgenommen.[21] »Allenthalben vernimmt man von betrügerischen Handlungen«, klagte der Kommentator Li Jingyang in der *Volkszeitung* im Mai 1998:

> »Der gute Mensch kann gar nicht umhin, sich vorzusehen. Zu beklagen ist die Tatsache, dass so das Leben äußerst anstrengend, ja furchterregend wird. Es sieht fast danach aus, als ob man sich nur noch bei sich zu Hause sicher fühlen könne, wogegen man, kaum ist man durch die Haustüre hinausgegangen und in das große Umfeld der Gesellschaft gelangt, mit größter Vorsicht seines Weges gehen und sich vor Fallstricken und Wasserwirbeln aller Art in Acht nehmen muss. Auch ein anständiger Kaufmann hat kein erfreuliches Leben mehr. Ständig muss er mit Verdächtigungen seitens der Kunden rechnen. Ganz normales Verhalten ganz normaler Menschen wird bereits misstrauisch hinterfragt. Das führt so weit, dass Leute mit den besten Absichten aus Angst vor Missverständnissen in der Öffentlichkeit nicht vorzutreten wagen, sondern sich in ein Schneckenhaus zurückziehen. So dunkel dräuen die Wolken des Argwohns über unserer Gesellschaft!«[22]

Ein Artikel in der *Arbeiterzeitung*, dem Organ des Allchinesischen Gewerkschaftsbundes, forderte: »Die ›Verschlagenheit‹ zum Verschwinden bringen.«[23] Wie drastisch die Maßnahmen zur Verhütung von Verschlagenheit bald den Alltag durchzogen, versetzte dann auch Li Jingyang auf der Feuilleton-Seite der *Volkszeitung* 1998 in Erstaunen:

»Als ich einmal auswärts essen ging, wurde ich Zeuge eines merkwürdigen Vorfalls. Ein anderer Gast bestellte einen zu einem ganz bestimmten Preis feilgebotenen lebendigen Fisch zum Mahle. Der Kellner entnahm den Fisch dem Wassertrog und zeigte ihn dem Gast. Dieser ersuchte nun den Kellner, den Fisch auf den Boden zu werfen. Der Kellner tat, was von ihm verlangt worden war. Er warf den Fisch auf den Fußboden des Lokals. Danach hob er ihn auf und verschwand mit ihm in der Küche. Wie ich vernahm, gibt es Gaststätten, in denen man dem Kunden zwar einen lebendigen Fisch zeigt, um ihn dann aber in der Küche wieder ins Wasser zu werfen und weiter am Leben zu erhalten. Anstelle des gezeigten wird ein anderer, bereits toter, also nicht frischer, Fisch für den Gast zubereitet und ihm vorgesetzt. Im Hinblick auf derlei Machenschaften war die Bitte des Gastes, den Fisch auf den Boden zu werfen, die entsprechende Gegenmaßnahme. Ist der Fisch erst einmal auf den Boden geworfen und dadurch in einen halb toten Zustand versetzt worden, dann bleibt nichts mehr anderes übrig, als ihn unverzüglich dem Kochtopf zu überantworten. ›Die Balken stehlen und gegen morsche Stützen austauschen ist dann gar nicht mehr möglich‹ […]. Ich weiß nicht, ob sich die Vorgehensweise des Gastes bereits allgemein eingebürgert hat, aber vermutlich handelt es sich dabei nicht um eine einmalige aus dem Augenblick heraus geborene Improvisation.«[24]

Trotz aller negativen Erfahrungen herrscht in China seit jeher die Überzeugung vom wertneutralen, rein instrumentalen Charakter der Strategeme vor:

»Strategeme sind bloße Werkzeuge. Bei Werkzeugen wird nicht zwischen ›moralisch guten‹ und ›moralisch schlechten‹, sondern einzig und allein zwischen ›brauchbaren‹ und ›unbrauchbaren‹ unterschieden. Mit den Strategemen verhält es sich wie mit einem Küchenmesser, mit dem man Gemüse zurechtschneidet. Wir beurteilen das Messer einzig unter dem Gesichtspunkt, ob es scharf geschliffen und

> daher gut zu gebrauchen sei. Niemand wird sagen, es sei ein moralisch gutes Messer, wenn man es zum Gemüseschneiden braucht, aber ein moralisch böses Messer, wenn man damit eine Untat begeht.«[25]

Nicht das Strategem als solches, sondern das konkrete Ziel, dem es dient, unterliegt der moralischen Wertung. In den 1990er-Jahren musste man sich angesichts der zunehmenden listigen Bosheit in der chinesischen Gesellschaft damit begnügen, die Menschenliebe zu propagieren und vor einer von dieser losgelösten Strategem-Anwendung zu warnen.[26] Strategeme sollten also nicht zu rein selbstischen Zwecken ohne Rücksicht auf moralische Schranken eingesetzt werden – ganz im Sinne der Überlegungen Liu Xiangs, der in seinem Werk *Shuo Yuan*, auf Deutsch *Park der Ermahnungen*, lange vor dem Entstehen der Buchsammlung der *36 Strategeme* erinnert:

> »Unter den Strategemen gibt es lautere und unlautere. Die Strategeme des Edlen sind lauter, die Strategeme des kleinen Mannes sind unlauter. Die Strategeme des Lauteren streben nach dem Allgemeinwohl. Wenn sich der Lautere für das Volk mit ganzem Herzen einsetzt, dann ist das ehrlich gemeint. Die Strategeme des Unlauteren entspringen seiner Selbstsucht und seinem Gewinnstreben. Wenn er etwas für das Volk tut, so ist das bloßer Trug.«[27]

Inzwischen ist China in das Zeitalter der Digitalisierung eingetreten. Bei der Bekämpfung destruktiver Strategeme hat das Land nun die Möglichkeit, technologisch neuartige Mittel einzusetzen. In einer Mitteilung, den »Abriss eines Plans zum Aufbau eines Sozialkreditsystems (2014–2020)« betreffend, werden dieselben Missstände beklagt, die aus den 1990er-Jahren bekannt sind, und es wird kritisiert, dass die Folgen, die jemand zu tragen habe, der sein Wort breche, gering seien. Eine soziale Atmosphäre, die dadurch gekennzeichnet sei, dass Versprechen eingehalten werden und man ehrlich und vertrauenswürdig sei, habe sich noch nicht herausgebildet. Kommerzieller Betrug, Herstellung und Verkauf von Fälschungen, Steuerhinterziehungen, Steuerflucht, Steuerbetrug, Fake News, akademisches Fehlverhalten und dergleichen seien trotz wiederholter Verbote an der Tagesordnung. Dementsprechend bestehe ein Hauptziel des Aufbaus eines Sozialkreditsystems darin, bis 2020 weitgehend ein die gesamte Gesellschaft überwölbendes System der Bonitätseinstufung zu errichten, das auf der Grundlage einer allgemein zugänglichen Nutzung von Bonitätsinformationen basiert, und damit sicherzustellen, dass die Mechanismen zur Förderung von Vertrauenswürdigkeit und zur Sanktionierung von Verstößen gegen die Vertrauenswürdigkeit ihre volle Funktion entfalten. So sollen der Grad der Zufriedenheit mit dem Geschehen auf dem Markt und in der Gesellschaft erheblich zunehmen und die wirtschaftliche und gesellschaftliche Ordnung sich beträchtlich zum Besseren wenden.[28] Dass das im Aufbau befindliche Sozialkreditsystem derartige, weit gespannte, Erwartungen wirklich werde erfüllen können, bezweifeln jedoch zahlreiche chinesische Juristen, von denen ich einige selbst befragt habe. Wie das Sozialkreditsystems in Teilen allerdings bereits jetzt in den chinesischen Alltag eingreift, soll an einem Beispiel illustriert werden: In den 1990er-Jahren konnten Schulden auf normalem, juristischem Weg sehr oft nicht eingetrieben werden. Daher entstand das Buch *Tao Zhai Sanshiliu Ji*, auf Deutsch *Schuldeneintreibung gestützt auf die 36 Strategeme*, erschienen in Zhongguo Zheng-Fa Daxue Chubanshe (Verlag der Chinesischen Universität für Politik und Recht).[29] Darin wurde aufgezeigt, wie man mithilfe von Strategemen an sein Geld kommen konnte. Heutzutage werden dagegen Schulden auf die Digitalisierung gestützt eingetrieben. Säumige Schuldner, die angesichts einer rechtskräftig anerkannten Schuld das Strategem Nr. 36 »Weglaufen ist das Beste« anwenden, in dem weiten Land verschwinden und sich so der Verantwortung zu entziehen suchen, werden mit vollem Namen und ihrer Personalnummer und den Details ihrer Schuld im Internet veröffentlicht und dadurch von verschiedenen Konsummöglichkeiten abgeschnitten.[30] Dieses Vorgehen, ganz im Sinne von Strategem Nr. 22 »Die Türe schließen und den Dieb fangen«, zielt darauf ab, die säumigen Schuldner in eine derartige Klemme zu versetzen, dass sie gar nicht anders können, als ihr Versteck zu verlassen und die Schuld zu begleichen. Wie mir ein chinesischer Jurist unlängst sagte, habe sich die Schuldeneintreibung dank dieser digitalen Methode erheblich verbessert.

Schlusswort

In den nachgerade zahllosen Büchern über die 36 Strategeme, die in der Volksrepublik China seit den 1990er-Jahren erschienen sind, werden allein konstruktive Strategem-Anwendungen empfohlen. Strategeme sollten auf legale und moralisch unanfechtbare Weise eingesetzt werden. Vor destruktiven Strategem-Anwendungen wird gewarnt. Ein Anliegen der Strategem-Bücher ist es, den Leserinnen und Lesern beizubringen, destruktive Strategem-Anwendungen rechtzeitig zu durchschauen und überlegt damit umzugehen. Dieses Anliegen kommt in einer so gut wie allen Chinesinnen und Chinesen bekannten altüberlieferten Sentenz zum Ausdruck: »Hai ren zhi xin bu ke you, fang ren zhi xin bu ke wu«, was so viel bedeutet wie: »Ein die Menschen schädigendes Herz darf man nicht haben. Aber ein sich vor den Menschen in Acht nehmendes Herz ist unverzichtbar.« Im chinesischen Alltag dürfte diese defensive Anwendung des Strategem-Wissens im Vordergrund stehen. Im digitalen Zeitalter soll aber destruktiven Strategem-Anwendungen im wirtschaftlichen und gesellschaftlichen Alltag nicht mehr nur mithilfe von menschlicher strategemischer Weisheit, sondern vermehrt gestützt auf maschinelle künstliche Intelligenz der Garaus gemacht werden.[31] Wohin dieser Weg des gesellschaftlichen Zusammenlebens in China führt, bleibt abzuwarten.

Anmerkungen

1 Carl von Clausewitz: *Vom Kriege*. Bonn 1951, S. 169: »Die *Taktik* [ist] die Lehre vom Gebrauch der Streitkräfte im Gefecht, die *Strategie* die Lehre vom Gebrauch der Gefechte zum Zweck des Krieges.«

2 *Duden. Das große Wörterbuch der deutschen Sprache, Band 6: Sp–Z*. Mannheim/Wien/Zürich 1981, S. 2517.

3 *Duden. Deutsches Universalwörterbuch*. Mannheim/Wien/Zürich 1983, S. 791.

4 Harro von Senger (Hg.): *Die List*. 5. Aufl., Frankfurt am Main 2017.

5 »Zhongguo Jingdian Chuanshi Zangshu 30 Bu« (Sammlung von 30 überlieferten klassischen chinesischen Werken), in: *Renmin Ribao* vom 02.07.2013, S. 12.

6 Die – abgesehen von einer unter meiner Betreuung verfassten Doktorarbeit – beiden einzigen westlichen Bücher über »Moulüe« habe ich veröffentlicht. Vgl. zur Doktorarbeit: Christopher Detweiler: *An Introduction to the Modern Chinese Science of Military Supraplanning*. Freiburger Doktorarbeit 2009. Volltext im PDF-Format online abrufbar unter https://freidok.uni-freiburg.de/data/7726 [zuletzt aufgerufen am 21.07.2019]. Darüber hinaus: Harro von Senger: *Moulüe. Unerkannte Denkdimensionen aus dem Reich der Mitte*. 2. Aufl., München 2018. Vom Moulüe-Ansatz aus übersetzte und kommentierte ich *Meister Suns Kriegskanon*. Stuttgart 2011.

7 Roger Fisher, Wlliam Ury, Bruce M. Patton: *Getting to Yes. Negotiating Agreement Without Giving in*. Boston 1981.

8 Siehe hierzu in der von mir betreuten Doktorarbeit von Florian W. Mehring: *Die Hohe Schule der Kriegskunst bei Geschäftsverhandlungen. Kommentierte Übersetzung eines an Chinesen gerichteten Ratgebers des Verhandlungsforschers Liu Birong*. Hamburg 2017, S. 311 ff.: »Vergleich der Hohen Schule der Kriegskunst bei Geschäftsverhandlungen mit dem Harvard-Konzept.«

9 Roland Barthes: *L'empire des signes*. Genf 1970, S. 10.

10 Die 4 bedeutet, dass das Schriftzeichen im sogenannten »vierten Ton« im Mandarin auszusprechen ist.

11 *Dictionnaire Ricci de caractères chinois*. Paris 1999, S. 259 f.

12 *Neue Jerusalemer Bibel. Einheitsübersetzung*. Freiburg 2007, Mt. 10, 16. Zuweilen auch als »arglos« wie die Tauben übersetzt.

13 Lin Yutang: *Mein Land und mein Volk*. Berlin 1936, S. 82.

14 Abt M. W.: »Ab(t)artiges: Ablenkmanöver«, in: *Kloster Einsiedeln. Zeitschrift der Benediktinergemeinschaft Einsiedeln* 4 (2005), S. 9.

15 Mao Dun: *Ziye (Mitternacht)*, Renmin Wenxue Chubanshe. Beijing 1978, S. 50. Mao Tun [Mao Dun]: Midnight, Übersetzungsentwurf [draft translation] von Hsu Meng-hsiung, überarbeitet [polished] von A.C. Barnes. Beijing, 2. Aufl. 1979, S. 42. Mao Dun: *Schanghai im Zwielicht*. Nachwort von Wolfgang Kubin. Frankfurt am Main 1983, S. 47. Siehe auch Harro von Senger: »Strategem Nr. 21. Die Zikade entschlüpft ihrer goldglänzenden Hülle«, in: ders.: *36 Strategeme. Lebens- und Überlebenslisten aus drei Jahrtausenden*, Band 1 und 2 in einem Band. Frankfurt am Main 2011, Band 2, S. 205.

16 Shi Wenhua: *Sanshiliu Ji Gushi (Geschichten über die 36 Strategeme)*. Hongkong 1998.

17 Xin Ya Wenhua Shiye Youxian Gongsi: *Congming de Zhongguoren (Der kluge Chinese)*. Hongkong 1998. Es handelt sich hier um die Buchreihe, in der das in Anmerkung 16 erwähnte Buch erschienen ist.

18 Yu Rubo: *Sanshiliu Ji de Zhihui – Jingdian Zhihui Qiangu Liuchuan (Die Weisheit der 36 Strategeme. Klassische Weisheit, jahrtausendelang überliefert)*. Taibei 2006.

19 Miaoyan Nana: *Nüren Sanshiliu Ji (Die 36 Strategeme für die Frau)*. Taibei 2008. Der Werbetext lautet in der chinesischen Umschrift: »Kan nüren sanshiliu ji, jiu neng rang ni chengwei jianju meimao yu zhihui.«

20 Zhu Tao: »Der ›Wettbewerb‹ ist dem ›Krieg‹ vorzuziehen«, in: *Renmin Ribao* vom 13.05.1997, S. 12.

21 Siehe dazu Art. 140–150. Das revidierte Strafgesetzbuch ist seit 01.10.1997 in Kraft.

22 Li Jingyang: »Gefühle im Anschluss auf ›einen [auf den Fußboden] geworfenen Fisch‹«, in: *Renmin Ribao* vom 26.05.1998, S. 12.

23 Liu Zhangxi: »›Die Verschlagenheit‹ zum Verschwinden bringen«, in: *Gongren Ribao (Arbeiterzeitung)* vom 22.04.1998, S. 6.

24 Li Jingyang, a. a. O. Natürlich bezieht sich der Reporter hier auf Strategem Nr. 25.

25 Yu Xuebin: *Sanshiliu Ji Xin Jie Xiang Xi (Die 36 Strategeme, neu erklärt und eingehend analysiert)*. Beijing 1993, S. 4.

26 Was denn auch in der *Volkszeitung* häufig getan wurde, vgl. etwa Wang Yan: »Wachsamkeit ist gegenüber ›Wissen ohne Menschenliebe‹ geboten«, in: *Renmin Ribao* vom 03.04.1995, S. 11.

27 Lu Yuanjun (Kommentare und Übersetzung): *Shuo Yuan Jin Zhu Jin Yi (Der »Park der Ermahnungen« mit modernen Anmerkungen und moderner Übersetzung)*. Taibei 1985, S. 418.

28 »Zhonghua Renmin Gongheguo Zhongyang Renmin Zhengfu: Guowuyuan guanyu yinfa shehui xinyong tixi jianshe guihua gangyao (2014-2020) de tongzhi« (Zentrale Regierung der Volksrepublik China: Mitteilung des Staatsrates betreffend den Druck und die Verbreitung des Abrisses eines Plans zum Aufbau eines Sozialkreditsystems (2014–2020)), 14.06.2014. Online abrufbar unter http://www.gov.cn/zhengce/content/2014-06/27/content_8913.htm [zuletzt abgerufen am 15.07.2019].

29 Guo Jiyuan (Hg.): *Tao Zhai Sanshiliu Ji (Schuldeneintreibung gestützt auf die 36 Strategeme)*. Beijing 1993.

30 »Zuigao Renmin Fayuan guanyu gongbu shixin bei zhixingren mingdan xinxi ruogan guiding« (Bestimmungen des Obersten Volksgerichts über die Veröffentlichung von Namenslisten und Informationen über Personen, die beim Vollzug eines Gerichtsurteils ihrer Glaubwürdigkeit verlustig gegangen sind), vom 01.07.2013, revidiert am 16.01.2017. Online abrufbar unter http://www.mdxfy.gov.cn/sfgk/zxxxgk/2018-10-17/1663.html [zuletzt abgerufen am 01.07.2019].

31 Mehr Hinweise online abrufbar unter www.36strategeme.ch und www.supraplanung.eu [beides zuletzt abgerufen am 21.07.2019].

Wolfgang Coy

METH – EMETH

Abenteuer der künstlichen Intelligenz

1. Der Golem als androider Helfer und Beschützer des Menschen ist eine Legende, die seit dem 10. Jahrhundert in allen jüdischen Gemeinden auftaucht. Die Übertragung der Golem-Legende auf den Rabbi Löw ist eine späte literarische Verneigung vor der Bedeutung der jüdischen Ghettos im Prag des Alchimisten-Kaisers Rudolf II. Kern dieser Legende ist der Traum vom Sprengen der Herrschaftsfesseln – zeigt sie auch kein Sprengen der politischen Fesseln, so doch die Beseitigung der unmittelbaren Fron des Menschen, der erzwungenen Arbeit. Sie ist darin den kühnen Träumen der Wissenschaft nach der Kopernikanischen (und vor allem Galileischen) Wende verpflichtet. Die Suche nach der Wahrheit ist nicht länger eine religiöse oder philosophische Aufgabe, sie soll der praktischen Veränderung der Welt dienen – selbst wenn das Erkennen der Wahrheit dabei auf der Strecke bleibt. Die Legende benennt die Spannungspole dieses Denkens deutlich: Der aus Lehm geschaffene Golem hat das Wort EMETH auf die Stirn geschrieben, das heißt »Wahrheit«. Und die Suche nach dieser, der befreienden Wahrheit endet damit, daß der Rabbi Löw seine nicht mehr zu bändigende Schöpfung auslöschen muß: Er wischt das E aus, es bleibt das Wort METH, und das heißt »Tod«. Damit ist diese Geschichte schon das ganze Lied der neuen, befreiten und als befreiend gedachten Wissenschaft: WAHRHEIT – TOD.

2. Die Golem-Legende berührt einen Kern menschlichen Denkens, einen Mythos: den Mythos der zweiten, der besseren Schöpfung, die Hoffnung auf das Überschreiten von Grenzen, deren Natur uns nicht bekannt ist (und vielleicht nicht bekannt sein kann). Da ist zunächst der Traum, die Sehnsucht nach der Befreiung von der Last der Arbeit und dahinter, wie es der Golem zuerst verheißt, die Befreiung von der Arbeit als Herrschaftsinstrument, als Peitsche der Unterdrückung, ob als Sklavenarbeit oder als Lohnarbeit oder als Arbeitslosigkeit. In seiner ersten Form nimmt dieser Traum die Gestalt des Märchens, der Legende an – kollektiver Gestaltungsprozeß gegen die herrschende Macht: gesellschaftliche Konstruktion einer neuen, besseren Wirklichkeit. In dieser Neugestaltung grenzt sich der Golem-Mythos vom Prometheus-Mythos ab; letzterer besingt die Unterordnung der Natur, ersterer die Verbesserung der Natur. Seit der Renaissance wird das Märchen verdrängt durch die wissenschaftliche Hypothese und ihre technische Realisierung: Stand des gesellschaftlichen Bewußtseins der industriellen Gesellschaften. Doch dahinter erscheint – im Spiegelbild, als verkehrtes Abbild, Neues und anderes zeigend – die Entfaltung des Mythos durch die Kunst. Dies ist der andere Weg zur Schöpfung der neuen Wirklichkeit. Traum – Wahrheit – Schöpfung sind die drei Bestimmenden dieser Utopie, die drei verschiedene, voneinander nicht unabhängige Wirklichkeiten konstruieren, drei Möglichkeiten menschlicher Arbeit also.

3. Das wissenschaftliche und »aufgeklärte« Spiegelbild des Menschen, soweit er sich als »arbeitenden« Menschen sehen wollte, hat sich in den letzten Jahrhunderten im engen Verbund mit der Entwicklung der Naturwissenschaften geändert. Norbert Wiener hat auf diese Veränderungen der »Menschenmodelle« hingewiesen. Aus dem Hebelmodell der Renaissance, sichtbar in Giovanni Battista Bracellis eigenartigen Graphiken des Maschinenmenschen und perfekt dargestellt in Leonardo da Vincis anatomischen Skizzen (und perfid von den modernen Sklavenhändlern

zum Firmenzeichen erhoben), über das Pumpen- und Kreislaufmodell im Gefolge der thermodynamischen Entdeckungen, entstand das Steuermodell der Nervenstränge in der Kybernetik und das moderne Paradigma des Menschen als eines informationsverarbeitenden Systems (das man nur noch an den Rechner anschließen muß: »Mensch-Maschine-Kommunikation« heißt der neue Kampfruf der Informatik). Was uns noch fehlt, ist die adäquate Technik zur Realisierung »biologischer« und »selbstreproduzierender« Systeme, doch da hat sich auch schon die kleine, aber finanzstarke Gruppe der Genbastler gemeldet. Aber: Noch beherrschen der Computer und der Robot, die menschenleere Fabrik und das automatische Schlachtfeld die projektive Phantasie der Technokraten – ihnen soll deshalb unsere Aufmerksamkeit gelten.

Folgt der Alltagsverstand in gemächlichem Tempo dem herrschenden Paradigma der Naturwissenschaften, so greift die Kunst – im folgenden kurz (zu kurz?) Literatur genannt – diesen meist vor. Die Literatur ist dem Märchen halt direkter verbunden als die Naturwissenschaften, wenngleich nicht unbedingt enger. Die große Welle der antizipierenden Androiden-Literatur findet sich in der Romantik (die gerade darin zu Unrecht als weltabgewandt begrüßt und verdammt wurde). Sicher als Antwort auf die mechanischen Meisterwerke Vaucansons und Jaquet-Drozs, all die kleinen Enten, Nachtigallen, Schreiber, Zeichner und Cembalistinnen, aber auch als Antwort auf die Architekten im Gefolge Ledoux', ihre Manufakturen, Gefängnisse, Kasernen und Spitäler und deren perfekte Herrschaftsmechanik. Der wesentliche Unterschied besteht darin, daß sich die Literatur (bis hin zu ihrer kümmerlichen Variante dieses Jahrhunderts, SF unter Kennern und Gönnern genannt) nicht auf die unvollkommenen technischen Implementierungen einläßt, sondern perfekte Kopien der unvollkommenen Originale liefert – die Imagination wirklich werden läßt. Vor allem E. T. A. Hoffmann hat die Erscheinung des Spießers, der Spießerin als unvollkommenen gesellschaftlichen Automaten beschrieben. »Die Automate« und »Der Sandmann« sind zwei dieser Erzählungen, die den Blendungscharakter der gesellschaftlichen »Rolle« als eine mechanische Funktion zeigen. Hoffmann hat in den Märchen die mechanischen Androiden noch weiter entwickelt, da selbst Mohrrüben (in »Die Königsbraut«) und Flöhe (in »Meister Floh«) menschliche Rollen perfekt spielen können – wenn nur ihre menschlichen Partner/Gegner sich darauf einlassen (also haben die Gentechnologen auch ihre literarischen Vorbilder). Ludwig Tieck behandelt das gleiche Thema in »Die Vogelscheuche«. Bei Jean Paul findet sich der (selbst für J. P.) eigenartige Text »Der Maschinen-Mann nebst seinen Eigenschaften«, eine Beschreibung für »Leute auf dem Monde, auf dem Saturn, auf dessen Trabanten, auf dessen Ringen«. Geschildert wird die Umwandlung eines Menschen zu einem Maschinenwesen, der Ersatz aller menschlichen Funktionen durch maschinelle Hilfsmittel. Die Auswahl des Leserkreises ist zwingend: Der Maschinen-Mann ist kein Sonderling, sondern der Genius des ganzen 18. Jahrhunderts, ja das Jahrhundert selber; Leser kann die Geschichte deshalb nur noch auf fremden Planeten finden, da die irdischen Leser schon alle Maschinen sind.

Dann verliert sich die literarische Beschäftigung mit den Maschinenmenschen, bzw. sie sinkt in die Trivialliteratur ab. Erst nach dem Ersten Weltkrieg wird der utopische, gesellschaftskritische Ansatz der Romantik wieder aufgegriffen: von Karel Čapek in dem Drama »R. U. R.« (einem Akronym für Rossums Universal Robots). Čapek gibt dem Golem damit den Familiennamen Robot, nach dem tschechischen Wort für Fronarbeit. »R. U. R.« ist eine präzise literarische Analyse der sozialen Folgen der Produktionsautomatisierung unter den Bedingungen der kapitalistischen Ökonomie – bis hin zur Automatisierung des Krieges. Čapeks Androiden sind aber nicht, wie bei den Romantikern, Karikaturen der um gesellschaftliche Anpassung bemühten Kleinbürger, sondern sie stellen das Proletariat dar, dem im kapitalistischen Produktionsprozeß ein Maschinendasein vorgesehen ist und das seine Menschwerdung erst erkämpfen muß (und es in »R. U. R.« auch erfolgreich tut). Insofern fällt Čapeks Drama etwas aus dem »universalen« Anspruch der Golem-Parabel heraus (die keine »Klassenbefreiung« beschreibt). Kafka benennt den Golem als Figur nicht, aber er beschreibt die große Maschinerie, die gesellschaftliche Umwandlung der lebendigen menschlichen in die tote maschinelle Arbeit. Für die Menschen bleibt die Erstarrung: leblose Arbeit. Zwei andere Prager Schriftsteller befassen sich direkt mit dem Golem: Meyrink erträumt ihn, Kisch sucht ihn erfolglos auf dem Boden der Altneu-Synagoge.

4. Ihre Fortsetzung im Thematischen findet die Golem-Literatur über die Gattung der wissenschaftlichen Akzeptanzliteratur à la Jules Verne – bis auf wenige Ausnahmen (»Face au drapeau«) eine phantasiearme Richtung, die sich kritiklos an die wissenschaftlich-technische Entwicklung anschmiegt, ohne die subversive Kraft der Romantiker zu besitzen. Zu den Fortschreibern der Verneschen Werke (in der Sparte SF), die sich besonders mit dem Golem-Thema befaßt haben, gehört Isaac Asimov, dessen »Roboter-Erzählungen« jetzt gesammelt vorliegen und der sich über 40 Jahre durch die getreuliche Aufzeichnung der Gedankenarmut eines wohlwollenden und lehrhaften »kulturellen Verständnisses« für die Technik auszeichnet. Asimovs Robotergeschichten kreisen im wesentlichen um die Formulierung der »Drei Gesetze der Robotik«, einer mosaischen Gesetzestafel, und deren Exegese für (mechanische?) Sklaven.
In der amerikanischen Literatur finden sich aber auch Ansätze, die technikopportunistischen Auffassungen der gängigen SF-Literatur zu wenden. Bei Kurt Vonnegut entlarvt sich die amerikanische Gesellschaft (kurz: die Welt) als eine ungeheure Ansammlung von Robotern, von der Robo-Matic-Waschmaschine bis zu den Liebes- und Haßmaschinen (in »Breakfast of Champions«). Das Universum wird so zum Vorwand für das große amerikanische Trauma: die Paranoia, allein zu sein (als Amerikaner unter Menschen/Robotern/Amerikanern). Dieses Trauma ist (literarisch) ein kollektives. Es findet sich in der gesamten »Underground«-Literatur, also vor allem den Comics, aber auch in der »Hochliteratur«, so bei Thomas Pynchon. (Pynchon hat bei Boeing gearbeitet, Vonnegut bei General Electrics – ist dies der entscheidende Unterschied?)

Bei Pynchon geht das Interesse am »Ersatz« des Menschen so weit, daß er seine Hauptfiguren auflöst (in »Gravity's rainbow«) oder demontiert (in »V.«). Der »falsche Priester«, die Frau also, die V. ist/sein kann/war, wird bei einem deutschen Bombenangriff auf Malta verschüttet und von einer Kinderhorde, die sie bekehren/verführen wollte, zerlegt. Ihr Körper ist bereits überwiegend aus unbelebter Materie – künstliche Beine aus Elfenbein, ein Saphir im Nabel, ein Glasauge, dessen Iris die Form einer Uhr hat ... Wir begegnen einem neuen Übergang zwischen Golem und Mensch, diesmal von der menschlichen Seite in Richtung auf die Maschine. Eine Antithese zur Menschwerdung der Maschine, beide Richtungen Teil einer »Mensch-Maschine-Kommunikation«. Das gleiche Thema findet sich in Libuše Moníkovás Roman »Pavane für eine verstorbene Infantin«, in der sich die Heldin durch einen Rollstuhl maschinell verstärkt, um in einer Maschinen-Gesellschaft überleben zu können.
Wir sehen also zwei Bewegungen in der literarischen Verarbeitung der Golem-Parabel: die Maschinen werden perfekte Androiden, die Menschen werden maschinenhafter: »Robots et Cybernanthropes« (Henri Lefebvre).

5. Die deutlichste Ausarbeitung dieser Bewegung findet sich bei Stanisław Lem. Er behandelt das Thema auf drei formalen Ebenen: in den Essays (zum Beispiel »Summa Technologiae« und »Dialoge«), wo er sich auf die Schwächen der Wissenschaft wie der SF-Literatur einläßt und die deshalb weit hinter seine literarischen Formen zurückfallen; in den »Märchen« (den »Robotermärchen«, den »Sterntagebüchern«); und in der »klassischen« SF-Literatur (»Solaris«, »Der Unbesiegbare«, »Pilot Pirx«). Ich finde, daß er vor allem in den Märchen wirklich überzeugt – vielleicht, weil er dort dem Mythos am nächsten und der Wissenschaft (formal zumindest) am fernsten ist. Eine eigene Zwischenform nehmen seine Vorworte und Besprechungen fiktiver Bücher ein: Sie stehen zwischen »science fiction« und »fiction« und enthalten zentrale For-

mulierungen zum Thema. Sie deuten auch an, daß andere Formen der Wissenschaft möglich sind, die sich sogar in tradierten Weisen der Wissenschaft äußern können – bis zu einem unvermeidlichen (und sehnlichst herbeigewünschten) Bruch.

In der »Lymphaterschen Formel« beschreibt Lem in einem großen Bogen die Evolution der Intelligenz über den Menschen hinaus – und zeigt damit dem Erfinder dieser evolutionären Maschine und natürlich auch dem Leser einen Spiegel, der das nackte Entsetzen erzeugt. Ist der letzte uns vertraute Sprung der Evolution der vom Affen zum Menschen – wie ist dann unsere Stellung gegenüber der nächsthöheren Stufe der Entwicklung? Der Erfinder kann angesichts dieser Wahrheit seine Erfindung noch einmal zerstören und den Sprung der Evolution damit um ein paar Jahre oder Jahrzehnte hinauszögern. Verhindern kann er ihn nicht.

Im Vorwort zu »Golem XIV« geht es um die kleinere Münze derselben Evolution. Der Rechnerbau wird beschrieben bis zu dem Punkt, an dem durch die »Selbstprogrammierung« die weitere technische Entwicklung von ihren menschlichen Programmvorgaben unabhängig wird. (Informatiker sprechen vom »maschinellen Lernen« oder der »automatischen Inferenz«: Dieser Schritt steht jetzt, 1983, im Mittelpunkt der Planung der neuen, fünften Rechnergeneration; Lem hat seine Erzählung 1973 geschrieben.) Durch die erfolgreiche »Selbstprogrammierung« hat der Rechner Golem XIV die menschliche Intelligenz um ein Vielfaches überschritten und sich als erstes dem Zugriff des finanzierenden Pentagons entzogen, indem er erklärte, »die geopolitische Problematik sei nichts gegenüber der ontologischen und die beste Garantie für den Frieden sei die allgemeine Abrüstung«. Golem XIV kann trotz der luddistischen Parole »every computer is red« der Verschrottung entgehen und dient nun im zivilen Einsatz an einer Hochschule. Hier hat ein Golem die in ihn gesetzten Hoffnungen erfüllt – und sogleich die menschliche Beschränktheit überwunden – nicht ohne ein revolutionäres Augenzwinkern gegenüber den Herren im Pentagon.

6. Die wissenschaftlich-technische Entwicklung war der literarischen Entfaltung des Golem-Themas gegenüber schwerfälliger und langsamer, auch naiver und unbewußter. Ihre Realisierung quasi-menschlicher Fähigkeiten, die Energie-Maschinen, die Transmissions-Maschinen, die Transport-Maschinen, die Steuerungen bis zum Fließband, die Fabrik- und Kriegsmaschinerie – sie alle versprachen in statu nascendi die Befreiung und waren doch im Kern immer Zugriffe der Herrschaft: formale Subsumtion unter das Kapital als das beherrschende Verhältnis der industriellen Gesellschaft, der dann die reale Subsumtion bis ins Private und Intime folgt. (Welche Maschinen mögen uns noch ins Haus stehen? Videospiele, Pornokanäle und Bildschirmtext sind erst der Anfang.) Der Gongschlag zur realen Subsumtion des Denkens erfolgte gleichzeitig mit der Entwicklung und dem Einsatz der Atombombe (und dem System Auschwitz): die Kybernetik, der hoffnungsvolle Ansatz einer einheitlichen Theorie der Steuerung technischer, biologischer, ja vielleicht sogar sozialer Systeme. Logische Schaltungen, Elektronengehirne, Rechner, Computer werden Gegenstand einer neuen Disziplin: der Informatik (in den USA noch immer »computer science« genannt). Beide, Informatik und Kybernetik, sind neue Zugriffe auf alte Mythen. Technisch denkbar und zumindest im Ansatz konstruierbar sind nun Roboter, Verwaltungsmaschinen, menschenleere Produktionshallen, automatische Schlachtfelder: ein Füllhorn für die Herrschenden. Und wieder dieser Traumfetzen der Beherrschten: Befreiung von der unwürdigen Arbeit. Norbert Wiener, der Vater der Kybernetik, hat in zwei bemerkenswerten Büchern, dem Roman »Golem Inc.« und dem Essay »The Human Use of Human Beings«, eine Sensibilisierung für diesen Widerspruch zu wecken gesucht. Seiner Zeit voraus und (so fürchte ich) vergebens. Auch die Kybernetik als einheitliche Theorie und Methode der Wissenschaft ist zerfallen: in ein ideologisches Mäntelchen sozialer Erklärungsversuche und in eine Mathematisierung der Biologie, die im Kern das Verständnis der Phänomene durch quantitative Aussagen ersetzt und sich damit wieder der Galileischen Erbsünde der Naturwissenschaft unterwirft, Erklärung durch Messung zu ersetzen

zen. Robert Musil bemerkt dazu: »Mit einem Wort, die Stimme der Wahrheit hat ein verdächtiges Nebengeräusch, aber die am nächsten Beteiligten wollen nichts davon hören.«
Im technischen Bereich dient der Begriff Kybernetik im wesentlichen nur noch zur PR: die »Cyber-Rechnerfamilie der Control Data Corporation« – jedes Wort ist entlarvend. Einzig ein Bastard ist geblieben: die »künstliche Intelligenz«, englisch »artificial intelligence« oder kurz AI. Lange Zeit wurde dieser Forschungszweig von den übrigen Informatikern belächelt, heute sind einige ihrer Ansätze bereits integriert in höchst komplexe Rechneranwendungen. Der Mythos der »denkenden Maschine« war von Anfang an in der Informatik präsent, durchaus bewußt, wenn auch nicht als direktes Ziel. Alan M. Turing, Mathematiker, Logiker, vor der Konstruktion des ersten Computers Erfinder eines mathematischen Modells der Rechenmaschinen: der »Turing-Maschinen« und im Krieg Miterbauer der ersten englischen Rechenanlage, hat diesen Mythos präzise formuliert. Die folgende Fassung ist Hans Magnus Enzensbergers Ballade »A. M. T. (1912–1954)« entnommen: »... Was aber die Turing-Maschine (A) betrifft, so schlagen wir einen Versuch vor. Einer von uns – wir wollen ihn B nennen – tritt mit ihr in Verbindung (über ein Datensichtgerät oder Fernschreiber). C, ein Zensor, soll das Zwiegespräch überwachen. A simuliert einen Menschen, desgleichen B; und nun soll C entscheiden, wer von beiden der Mensch, und wer die Maschine ist. Diese Versuchsanordnung wollen wir, nach ihrem Erfinder, ein Turing-Spiel nennen ... Jedesmal nun, wenn die Maschine sich verrät (sei es, indem sie einen Fehler, oder sei es im Gegenteil, indem sie keinen Fehler macht), verbessert sie ihr Programm. Sie lernt und lernt. Es erhebt sich die Frage, wie die Partie enden wird. Wir beantworten diese Frage nicht, halten jedoch fest, daß das Spiel sehr lange dauern kann, und daß es niemals gespielt worden ist ...« Die ursprüngliche Formulierung findet sich in Turings Aufsatz »Can a machine think?« (deutsch in *Kursbuch 8*, 1967), als Fragestellung ein Dauerbrenner, der sich durch die Sachbuch-Literatur zieht und heute noch begeistertes Cafeten-Gespräch der Informatik-Erstsemester ist.

Während Turing sich noch auf ein Experiment einläßt, beschreibt Konrad Zuse, Erfinder des ersten arbeitsfähigen Computers, in seinen Memoiren (»Der Computer mein Lebenswerk«) das umfassende Paradigma der künstlichen Intelligenz: »Als höchstes erreichbares Ziel, als »Stein der Weisen« erschien mir die Konstruktion der Keimzelle des künstlichen Supergehirns. Einmal in die Welt gesetzt, würde es durch Lern-Prozesse sich selbst ständig verbessern und könnte mit dem gesamten Wissen der Zeit gefüttert werden. Die Lösung aller weiteren schwierigen Fragen könnte man diesem Instrument überlassen, sofern man es noch im Griff hätte.« Ja, sofern man.

Die Gemeinde der AI-Arbeiter (oder KI-ler, wie sie sich im deutschen Sprachraum nennen, sofern sie nicht die flotte Wortschöpfung »Intellektiker« bevorzugen) hat ihren Golem konkreter als bei Turing gefaßt und sich vom bloßen Gedankenspiel gelöst. Die Nachahmung der kommunikativen Sinne (soweit sie im Arbeitsprozeß nützlich sind) steht an erster Stelle: Computer Vision (= Sehen!), Spracherkennung und -erzeugung, der Robotarm mit sensorischer Rückkoppelung sind ihre Paradigmata, gefolgt von der Beherrschung der natürlichen Sprache – automatischem Verstehen, Übersetzen und Antworten. Und dahinter immer mehr die Simulation des Denkens. Daß Maschinen schneller rechnen und dies im allgemeinen genauer tun als Menschen (wenngleich *nicht* immer fehlerfrei), hat zu einer nahezu panischen Suche nach »intelligenten« Tätigkeiten geführt, die Rechner nicht oder nur schlecht ausführen können. Diese sind sehr zahlreich, doch die AI-Gemeinde holt auf. Im Fokus des »intelligenten« Rechnereinsatzes sind derzeit »Expertensysteme«, riesenhafte Programme, die aufgrund sehr großer Datenbestände und relativ einfacher Ableitungsschritte komplexe Analysen in eingeschränkten Fragebereichen vornehmen können. So gibt es seit Jahren Programme, die die Struktur chemischer Verbindungen erraten/erforschen können, indem sie Meßwerte interpretieren bzw. den Analyseprozeß steuern, bis das Ergebnis mit hinreichender Sicherheit feststeht. Expertensysteme zur Auswertung geologischer Daten, medizinische Analyseprogramme, die zumindest bei Massenuntersuchungen präziser (oder wenigstens aufmerksamer) als der durchschnittliche Arzt sind, automatische Beweisverfahren, die mathematische Beweise finden, deren Struktur von arbeitenden Mathematikern als nicht-trivial eingeschätzt wird, und nicht zuletzt Schachprogramme, die dem durchschnittlichen Spieler keine Gewinnchance mehr lassen (es sei denn, er reduziert ihre Leistung durch den Programmparameter »Spielstärke«). Roboter und Expertensysteme sind Bausteine zur vollautomatischen Produktion der Zukunft, einschließlich des vollautomatischen Krieges. Mir ist nicht bekannt, ob Expertensysteme zur atomaren Kriegsplanung und -führung eingesetzt werden – in der Logik der Entwicklung scheinen sie mir zwingend.

7. Die Vordenker der künstlichen Intelligenz am MIT (dem Massachusetts Institute of Technology) und am Stanford AI Lab sind bereits einen Schritt über die Expertensysteme hinaus und vielleicht beruhigenderweise auch einen Schritt zurück. Sie versuchen den »common sense«, also das Alltagsdenken, in den Griff zu bekommen. Und dabei zeigen sich erhebliche Schwierigkeiten bereits in der Formulierung der Problemstellung. Marvin Minsky vom MIT arbeitet an der Idee der »frames«, Rahmen für jedes und alles, was dem menschlichen Verstand unterkommen mag. Nach Minskys Vorstellung bewegen sich die Alltagsgedanken stets in einem sehr engen »Rahmen«, zum Beispiel dem Wissen, wie ein Zimmer aussieht, was Möbel sollen, wie Heizung, Licht, Fenster, Türen funktionieren, wie sich ein Mensch in einem solchen Raum (als Rahmen) bewegen kann. Ändert der Mensch seinen Ort oder wendet er seine Aufmerksamkeit etwas anderem zu, etwa dem Essen, so »fällt er aus dem Rahmen« in einen neuen Rahmen, der die Geschirrteile, ihre Verwendung und diverse Genußarten kennt. Ein steter Wechsel solcher Rahmen soll nun das alltägliche Überleben sichern bzw. erst ermöglichen. Ein schlichtes Weltbild, dem bisher keine praktischen (technischen) Erfolge beschieden sind – obwohl seit Jahren rund um die Welt AI-Fachleute an dieser Idee arbeiten. Ein beliebtes Beispiel, das sich schon

lange durch die AI-Literatur zieht, mag den »frame«-Ansatz verdeutlichen. Zu den intelligenten Fähigkeiten des Menschen wird (etwas naiv) die Fähigkeit, Denksportaufgaben zu lösen, gerechnet. Also gibt es eine »frame«-Beschreibung des bekannten »Ziege, Wolf und Kohlkopf«-Rätsels, bei dem es für einen Bauern darum geht, eine Ziege, einen Wolf und einen Kohlkopf über einen Fluß zu schaffen. Er findet einen Nachen vor, in dem er sich selbst und zwei seiner drei Schätze unterbringen kann. Wie muß er vorgehen, damit der Wolf die Ziege nicht ungestört fressen kann und die Ziege den Kohlkopf nicht verputzt? Es ist natürlich keine Überraschung, daß dieses Puzzle in geeigneter Formalisierung mit einem Computer gelöst werden kann. Ob es sich um eine Formalisierung des alltäglichen Denkens handelt, darf aber mit Fug und Recht bezweifelt werden. McCarthy, der das mit dem MIT-Lab eng verfeindete Stanford AI Lab leitet, nörgelt an der »frame«-Lösung herum und stellt Fragen wie: »Was, wenn über den Fluß eine Brücke führt? Oder wenn das Boot keine Ruder hat?« Oder die Ziege den Kohl nicht mag? Minskys Konter könnte es sein, die vorgestellte Lösung als »frame« zur Modellierung eines Puzzle-lösenden Programmierers darzustellen, doch das würde die Würde der Profession wohl zu sehr verletzen (die gerade am MIT zu erheblichem Anteil aus begeisterten Puzzle-Lösern besteht).
Die Gruppe um John McCarthy führt nun einen konstruktiven Gegenstoß zur Erstellung von Rechnerprogrammen mit Alltagsverstand. Dieser Weg ist mehr an der mathematischen (formalen) Logik orientiert, wobei diese allerdings im Kern neu zu konstruieren (rekonstruieren) ist. Die »klassische« formale Logik ist »monoton«: Ist eine Aussage einmal als richtig bewiesen, so gilt sie unabhängig von allen später bewiesenen Aussagen. Dies ist der ideologische Standort der gesamten Mathematik: Ist etwas bewiesen, so ist's richtig, ist seine Negation bewiesen, so ist's falsch – ein Drittes gibt es nicht. Selbst wenn sich Formalisten und Konstruktivisten über den Charakter von Aussagen streiten, für die weder ein Beweis gezeigt noch deren Gegenteil bewiesen ist, so sind sie sich doch einig über die ewige Richtigkeit einmal bewiesener Aussa-

gen. Dieser Inflexibilität der Mathematiker (solange sie Mathematik machen) stehen die alltäglichen Verhaltensweisen der Menschen diametral gegenüber. Solange es nicht um tiefe Überzeugungen, Rauchen, Fußball und Nachrüstung geht, ist der Alltagsverstand bereit, jede als richtig erkannte Einsicht über Bord zu werfen, sowie ihm eine andere Einsicht »richtiger« erscheint (manchmal vergißt er auch einfach die schon als richtig erkannten Einsichten). Die Alltagslogik ist also »nicht-monoton«: Wir haben es mit einer Facette der Dialektik zu tun – allerdings nur einer von vielen.

Die innerwissenschaftliche Kontroverse zehrt von einem Widerspruch, der die Informatik seit ihrer Gründung bewegt, der Streit um den Stellenwert der formalen Logik. Auch in der Mathematik ist dieser Streit keineswegs entschieden: Trotz der bedeutenden Arbeiten zur Mathematisierung der Logik in diesem Jahrhundert ist es weder klar, ob die formale Logik ein Teilgebiet der Mathematik ist, noch ob mathematische Beweise überhaupt stets formallogisch beschrieben werden können (oder sollen). Auch die Tatsache, daß Programme hochkomplexe formale Notationen sind (selbst wenn sie sich in den fortgeschrittensten Programmiersprachen äußerlich wie menschliche (»natürliche«) Sprache darstellen), bedeutet nicht, daß Programmieren eine Anwendung der Logik sei. Trotzdem hoffen viele Theoretiker, aus einer solchen Betrachtungsweise solide Ansätze für ihre weitere Arbeit zu finden. Ihr Dilemma ist es, daß die Logiker selber in der Formalisierung der Sprache bisher nicht sehr weit gekommen sind: Die von McCarthy untersuchte »nicht-monotone« Logik kann auf keine wesentlichen Vorarbeiten der Logiker zurückgreifen. Minskys Ansatz kommt aus einer mehr ingenieurhaften und handwerklichen Vorstellung – seine Tradition ist die des Programmierers, des Hackers, aber auch die des Naturphilosophen, wie er in der mathematischen Tradition neben dem Logiker immer wieder anzutreffen ist. Letztlich sind beide Gruppen erst am Anfang ihres Versuchs, das Turing-Spiel zu gewinnen. Und es ist nicht absehbar, wie viele Jahrzehnte diese Ansätze verfolgt werden müssen, um auch nur bescheidene Rekonstruktionen alltäglicher Denkmuster zu ermöglichen (»... halten jedoch fest, daß das Spiel sehr lange dauern kann und daß es niemals gespielt worden ist«).

8. Die Arbeit am Mythos – an der Formalisierung des »common sense« – mag deutlich machen, wie sehr Technik und Literatur demselben Pfad folgen. Doch wie schon die Romantiker sich nicht auf die kunstvolle Illusion der Schachmaschine des Barons von Kempelen einließen (es sei denn, um sie zu verspotten), so hat die Literatur ihr Erschrecken/Erstaunen überwunden und stellt sich dem Golem bis zum Finale. Lems Märchenerzählungen beschreiben diesen paradigmatischen Höhepunkt in zwei Erzählungen: in »Die Maske« und in der 21. Reise in den »Sterntagebüchern«.
Schauplatz der Erzählung »Die Maske« ist ein königlicher Hof, vermutlich des 18. Jahrhunderts. Die Hauptfigur ist eine programmierte Mordmaschine in der Gestalt einer Hofdame, eine der ganz wenigen weiblichen Robots in der Literatur und die einzige weibliche Hauptrolle, die Lem je vergeben hat – und dies auch noch in einer Ich-Erzählung. Aufgabe dieser Robot-Agentin ist es, den mißliebigen Arrhodes, einen aufrührerischen Intellektuellen, im Auftrag des Königs zu töten. Sie weiß von ihrer Aufgabe anfangs nicht, sie erkennt sie erst, als sie mit dem Skalpell Hand an sich legt und unter ihrem androiden Körper die metallische Wahrheit ihrer Existenz erfährt. Arrhodes, der sich in sie verliebt hat, überrascht sie bei diesem Enthüllungswerk – und erkennt sie. Die folgende perfekte Verfolgung ist das Programm der Robot-Agentin, die mannigfaltigen Verzögerungen sind es nicht. Es entsteht ein Zustand der Schwebe – eine Überschreitung ihres maschinellen Daseins: Sie versucht die Frage zu lösen, ob sie ihren Auftrag verweigern kann, ob sie freien Willens ihre Aufgabe zurückweisen kann, ob sie wissen kann, wie sie sich verhalten wird.
In den »Sterntagebüchern« ist es die 21. Reise des Ion Tychy (eines späten Nachfahren des Barons von Münchhausen), die den Rahmen

dieser Märchenerzählungen sprengt und der »Maske« verwandt ist. Ion Tychy besucht einen Planeten, der längst die biologischen (gentechnologischen) Umwälzungen hinter sich hat und auf dem alle Bewohner, ob menschlicher oder robothafter Abstammung, ihre körperliche Gestalt nach Gutdünken (und nach der Mode) festlegen können. Hinter dieser oberflächlichen Auseinandersetzung, die die offizielle Politik der letzten Jahrhunderte bestimmte, tobt ein Kampf zwischen Materialisten und Gläubigen, ein Prüfstein der Regierungstreue, denn die herrschende szientistische Ideologie ist streng materialistisch. Die Gläubigen sind eine kleine Roboter-Sekte, die als Mönche im Untergrund, in der Kanalisation leben, von der Regierung geduldet und oberflächlich unter Kontrolle. Die Glaubensfrage hat sich längst von allen rituellen Formen gelöst; Glaubensinhalt ist allein die Zulässigkeit des Glaubenszweifels, ein »sich seiner nicht vollkommen sicherer Atheismus«. Die Herrschenden zweifeln nicht, die Zweifelnden sind im Untergrund. Dieser Glaube kennt keine Mission mehr, da die beliebige Verstärkung der Intelligenz zu immer komplexeren Argumenten im Atheismusstreit, aber nicht zu einem allgemein akzeptierten Beweis oder Gegenbeweis geführt hat. Auch die Möglichkeit, mittels biochemischer Eingriffe in die Denkstruktur der einen oder der anderen Meinung zum Durchbruch zu verhelfen, kann den Grundkonflikt – »ist der Zweifel an der Nicht-Existenz Gottes in einer wissenschaftlich nach freiem Willen konstruierten Welt noch zulässig?« – nicht lösen, sondern nur gewalttätig entscheiden. Dies kann aber nicht mehr Aufgabe ethisch bewußter Roboter sein. Ihre Parole ist daher: »NON AGAM – ich werde nicht handeln!« Tychy verläßt den Planeten und schreibt: »Ich fühlte, daß ich ein anderer Mensch war als jener, der vor gar nicht so langer Zeit auf diesem Planeten gelandet war.«

9. METH – EMETH: Die Literatur hat die eine Seite des Golem-Mythos, den Bogen von Wahrheit zum Tod durchlaufen. Offen bleibt die Frage, ob die Wissenschaft einen anderen Weg findet und sich des uneingelösten Versprechens der Befreiung besinnt.
Dann wäre der Golem erlöst.

Der Text »METH – EMETH. Abenteuer der künstlichen Intelligenz« erschien zuerst in *Kursbuch 75* im März 1984. Abdruck mit freundlicher Genehmigung des Autors.

Zettels Raum

Ein Gespräch mit dem Soziologen André Kieserling
über Niklas Luhmanns Zettelkasten

Von Armin Nassehi

André Kieserling

»Luhmann hat die dabei gemachte Erfahrung so beschrieben, dass der Kasten ihn immer wieder in produktiver Weise überrascht habe – so wie ein intelligenter Gesprächspartner.«

Foto: © Universität Bielefeld

Kursbuch: Luhmanns Zettelkasten ist heute der Gegenstand eines Editionsprojekts an der Universität Bielefeld. Wie ist es dazu gekommen?

Kieserling: Nachdem Luhmann den Zettelkasten mehrfach zum stillen Co-Autor des eigenen Werkes stilisiert hatte, war das öffentliche Interesse an diesem Teil seines Nachlasses natürlich schon immer sehr groß. Aber die Forschung musste warten, da der Kasten zunächst einmal zum Gegenstand eines Rechtsstreits unter den Erben wurde. Die beiden Söhne, denen je ein Haus vermacht worden war, sahen in der Sammlung einen Teil des Mobiliars, ein Denkmöbel sozusagen, und reklamierten es für sich. Dem widersprach die Tochter, der Luhmann die Rechte an seinem wissenschaftlichen Werk zugesprochen hatte, und die den jahrelangen Prozess am Ende gewann. Weitere Jahre vergingen, bis die Universität Bielefeld den Kasten erworben hatte, und dann noch einmal weitere, ehe wir in der Nordrhein-Westfälischen Akademie der Wissenschaften und der Künste einen Geldgeber für das ehrgeizige, auf 16 Jahre angelegte Projekt der Digitalisierung des Kastens und der Herausgabe des Textnachlasses gefunden hatten. Mit der eigentlichen Arbeit an der Erschließung der Notizen konnten wir daher erst vor einigen Jahren beginnen.

Kursbuch: Denkmöbel ist natürlich eine ganz wunderbare Formulierung, die gewissermaßen ontologische Fragen stellt, was für eine Entität der Zettelkasten ist. Aber was genau haben wir uns unter dieser Zettelsammlung eigentlich vorzustellen?

Kieserling: Genau genommen sind es zwei Sammlungen von Zetteln. Mit der ersten beginnt Luhmann schon Anfang der 1950er-Jahre. Hier sehen wir einen jungen, philosophisch belesenen Juristen auf der Suche nach intellektuellen Grundlagen für ein zeitgemäßes Verständnis von Themen wie Politik, Verwaltung, Organisation schlechthin. Die Anregungen dafür zog er übrigens aus allen nur irgend in Betracht kommenden Disziplinen herbei. Ein weiterer Schwerpunkt liegt auf der Auseinandersetzung mit der Phänomenologie, in der er damals so etwas wie eine postontologische Grundlagenwissenschaft für interdisziplinäre Forschungen sah. Mit der zweiten, deutlich umfangreicheren Sammlung wird Anfang der 1960er-Jahre begonnen, als aus dem Juristen bereits der publizierende Soziologe geworden war. Sie enthält Einträge zu praktisch allen Themen, über die Luhmann geschrieben hat, und wird bis in die letzten Lebensjahre des Autors in der zweiten Hälfte der 1990er-Jahre gepflegt. In diesen mehr als vier Jahrzehnten haben die insgesamt sechs Karteikästen mit ihren je vier Auszügen die stolze Summe von etwa 90 000 Zetteln aufgenommen.

Kursbuch: Luhmann selbst hat den Zettelkasten ja auch als Kommunikationspartner bezeichnet. Was soll das heißen?

Kieserling: Das ist natürlich eine theoretisch anstößige Formulierung, wenn man bedenkt, dass Luhmann einen Kommunikationsbegriff hatte, der eigentlich für die Operationen sozialer Systeme reserviert war und schon die psychischen Systeme ausschloss. Eine Zettelsammlung als Gesprächspartner? Wir Studenten haben ihn einmal gefragt, ob er sich damit nicht selbst widerspricht, und er hat sich mit einer Einmaligkeitsbehauptung aus der Affäre gezogen: »Mit meinem Zettelkasten und mir ist das etwas anderes!«

Kursbuch: Vielleicht kannst du uns zunächst etwas darüber sagen, wie der Kasten organisiert ist.

Kieserling: Es sind vor einigen Jahren neben dem Kasten von Luhmann auch die Kästen von Hans Blumenberg und Reinhart Koselleck in Marbach ausgestellt worden. Mein Eindruck war, dass diese Kästen aus Serien von thematisch integrierten Zetteln bestehen – mit einer Zettelserie pro Buchplan, wenn man so will. Solche Serien finden sich natürlich auch in Luhmanns Sammlung. Vor allem im ersten Kasten werden

Themen wie »Entscheidung« oder »Organisation« oder »Ideologie« über Hunderte von Zetteln hinweg festgehalten, oft unterbrochen von längeren Einschüben, die das Thema dann häufig auch wechseln. Aber wenn man sich an der ursprünglichen Folge der Zettel orientiert, die an den Kennziffern der Einträge relativ leicht zu erkennen ist, dann kann man ihnen folgen wie einem Buch. Dies zu tun, ist übrigens sehr faszinierend, schon weil es zu vielen Themen im Kasten im publizierten Werk keine Entsprechung gibt, und weil man zu den anderen Themen sehr gute Beobachtungen findet, die in die entsprechenden Publikationen nicht eingingen. Ich kann daher jedem Interessierten nur raten, sich einmal einen eigenen Eindruck davon zu verschaffen. Mit einer Faksimileversion der Zettel ist die Sammlung ja schon seit einiger Zeit auch online zugänglich, und neuerdings gibt es sogar eine kleine Arbeitsprobe, die zeigen soll, wie wir uns das Endergebnis der Digitalisierung vorstellen.

Aber das, worauf Luhmann stolz war, ist nicht dieser Aspekt. Stolz war er vielmehr auf eine zweite Ordnung der Zettel, die nichts mit deren Standort zu tun hat, sondern diesem gegenüber verselbständigt ist. Alle paar Zettel stößt man nämlich darauf, dass auf irgendeinen anderen Zettel im Kasten verwiesen wird, oft auch auf mehrere von ihnen, und das bedeutet, dass die Lektüre nicht mit dem Folgezettel oder mit dem beginnenden Einschub fortgesetzt werden muss, sondern dass man daneben auch in andere Teile der Sammlung springen kann. Dort mag es dann mit demselben, aber vielleicht auch mit einem anderen Thema weitergehen, und zwar auf Zetteln, die ihrerseits weitere Verweisungen enthalten, die an wieder andere Stellen des Kastens führen, usw. Luhmann hat die dabei gemachte Erfahrung so beschrieben, dass der Kasten ihn immer wieder in produktiver Weise überrascht habe – so wie ein intelligenter Gesprächspartner.

Kursbuch: Du meinst hier sicher seinen Aufsatz »Kommunikation mit Zettelkästen«?

Kieserling: So ist es. Übrigens hat dieser Text aus der Festschrift für Elisabeth Noelle-Neumann eine ganz unerwartete Rezeptionskarriere durchlaufen: Wir hatten vor einigen Jahren den amerikanischen Soziologen Andrew Abbott zu Gast in Bielefeld. In seinem Vortrag zeigte er ein solches Ausmaß an Sachverstand für den Zettelkasten, dass ich mich darüber gewundert und ihn wenig später gefragt habe, woher seine Informationen stammen. Daraufhin hat er erzählt, dass er einmal über Bibliotheken geforscht und bei dieser Gelegenheit auch die Szene der Bibliothekswissenschaftler in Amerika kennengelernt hat. Und unter denen steht Luhmanns Text offenbar ganz hoch im Kurs. Sie haben ihn übersetzen lassen und schätzen ihn sehr, weil sie glauben, dass man aus ihm auch etwas über den intelligenten Aufbau einer Bibliothek lernen kann. Sie sehen in dem Zettelkasten also eine Lösung für ihre eigenen Probleme. Bücher haben ihre Schicksale: Während Luhmann in der amerikanischen Soziologie kaum rezipiert wird, hat er es mit einer Gelegenheitsarbeit zu klassischem Rang bei den dortigen Bibliothekswissenschaftlern gebracht.

Kursbuch: In dem Aufsatz, den du nennst, spricht Luhmann ja interessanterweise von der Konfrontation von Ordnung und Unordnung auf der einen Seite, und von Zufallsprodukten auf der anderen. In diesem Zusammenhang kann man dann durchaus von Kommunikation sprechen, zumindest von der Konfrontation mit einem Partner. Luhmann spricht in dem Aufsatz leicht ironisch von einem »Wir« und meint sich und den Zettelkasten. Das Verweisungssystem ist eigentlich gar kein System, sondern es ist eine interne Form, Ordnung und Unordnung zu organisieren oder sich organisieren zu lassen, damit man, wie in Kommunikationsprozessen, überrascht werden kann. Wäre das so richtig formuliert?

Kieserling: Nun, die Wissenschaftsgeschichte ist ja bekanntlich voll von Entdeckungen, die als Zufall auf die Welt kamen, etwa indem die Forschungen zu einem bestimmten Thema nicht den gesuchten Erfolg hatten und man erst danach merkte, was man mit den enttäuschenden Ergebnissen anfangen kann, wenn man sie auf eine andere, zuvor gar nicht mitbedachte Fragestellung bezieht. Ähnlich kennt jeder Wissenschaftler die Situation, dass man das gesuchte Buch in der Bibliothek nicht findet, aber dafür in der unmittelbaren Nähe seines Standortes ein unbekanntes, das noch sehr viel besser ist.

Kursbuch: Deshalb weiß man gar nicht, ob die Umstellung auf Elektronik immer das Beste ist, weil man dann sofort alles findet, und das könnte ja womöglich schädlich sein, weil dieses Evolutionäre dabei verloren geht. Was nicht heißt, dass wir zurückwollen zu den Karteikarten. Das verweist ja tatsächlich auf das Intelligenzproblem. Intelligenz würde ja immer heißen, dass man klug verknüpft, aber nicht alles mit allem. Wenn man in einer Bibliothek oder auch in einem Bewusstsein alles mit allem verknüpfen würde, dann würde man in einer Bibliothek nichts finden, und ein Bewusstsein würde verrückt werden.

Kieserling: Ich kann mir jedenfalls gut vorstellen, dass Luhmann mit dem Aufbau seines Kastens genau diese Art von fruchtbaren Zufällen erzeugen wollte. Deshalb muss der Kasten Ordnung mit Unordnung kombinieren. Natürlich hat jede Entscheidung über einen Eintrag und über den Ort, an dem er in den Kasten eingeht, ihre Gründe gehabt. Aber auf diese Ordnung kommt es bei der Abfrage dann vielleicht gar nicht mehr an, denn die Abfrage findet deutlich später statt. Und der Kasten reagiert auch auf die inzwischen hinzugefügten Verweisungen. Die Zufallskomponente, die in den Kasten hineinorganisiert ist, erkennt man übrigens auch an einer Besonderheit seines Registers. Anders als das Register am Ende von Büchern enthält es nämlich nicht sämtliche Stellen, an denen der jeweilige Suchbegriff relevant vorkommt, sondern oft nur eine einzige und nie mehr als vier. Und die weitere Suche muss dann einfach den von dort aus zugänglichen Verweisungen folgen. So mag es einen Registereintrag für den Begriff »System« geben, der nur auf sehr wenige Stellen im Kasten verweist, und dann muss man eben sehen, wie weit man von dort aus kommt. Das bedeutet nicht zuletzt, dass Zettel und Zettelgruppen, auf die intern nicht verwiesen wird, dann auch nicht mehr zu finden sind, sondern einfach vergessen werden. Und auch dieser Prozess des Vergessens ist natürlich überhaupt nicht kontrollierbar. Am Ende unserer Arbeit soll es für den Kasten übrigens auch ein normales Register geben, das auch die bisher isolierten Fundstellen verzeichnet.

Kursbuch: In Luhmanns Formulierungen kommt nicht nur vor, dass der Kasten ein Kommunikationspartner ist, sondern auch, man könnte sagen, ein externalisiertes eigenes Bewusstsein. Trifft es das womöglich eher?

Kieserling: Vielleicht ist der Unterschied zwischen einem Kommunikationspartner und einem externalisierten Gedächtnis gar nicht so groß, wie man meinen könnte. Phänomenologisch gesehen gibt es jedenfalls deutliche Analogien zwischen der Frage, was man vom gegenwärtigen Sinnerleben der Mitmenschen wissen kann, und der Frage, wie zuverlässig man sich über eigenes, aber vergangenes Erleben informieren kann.

Kursbuch: Könnte man dann nicht sogar sagen, dass der Kasten fast ein Symbol für die Methode von Luhmann sei? In *Soziale Systeme* gibt es irgendwo die Formulierung, es sei eigentlich egal, wo man in die Theorie einsteigt, es passt eigentlich überall. So etwas Ähnliches scheint ja für den Kasten auch zu gelten, während man in einer Theorieanlage, die völlig deduktiv funktionieren würde, etwa mit, sagen wir, drei Prinzipien, aus denen man alles ableitet, wahrscheinlich einen Kasten mit einem festen Register und einer systematischen Ordnung bräuchte?

Kieserling: Das ist ein ganz wichtiger Punkt. Luhmann hat als Soziologe und als Entscheidungstheoretiker immer gesagt, dass das Problem von Hierarchien das geringe Fassungsvermögen der Spitze ist. Und wenn man sich Theorien als Hierarchien vorstellt, also More geometrico, dann ist deren Problem natürlich das geringe Fassungsvermögen der obersten Prinzipien. Das sind entweder Leerformeln, die gar nichts ausschließen. Oder es gibt ein Gegenprinzip, das sie auszuschließen versuchen, aber dann müssen sie ihm unter der Hand so viele Konzessionen machen, sodass der Ausschluss nicht wirklich gelingt und die Wahl des obersten Grundsatzes eigentlich nur eine Anweisung auf künftig fällige Mogeleien darstellt.

Natürlich hat Luhmann für den Stellenwert von Hierarchien in Organisationen viel Verständnis gehabt. Aber die Komplexität von Gesellschaften, oder auch von Gehirnen, kann nicht hierarchisch organisiert werden. Auch mit dem, was er einmal »trichterförmige Vorstellungen über Wissen« genannt hat, konnte er nicht viel anfangen. Daher ist auch seine eigene Theorie nicht so angelegt, dass sie mit einigen wenigen Grundsätzen oder Axiomen steht und fällt. Deduktiv aufgebaute Theorien können leicht erledigt werden, ebenso wie politische Hierarchien, indem man den König oder das oberste Prinzip abschießt. Das ist bei dieser Theorie eben nicht der Fall. Sie kann in jedem ihrer Sätze infrage gestellt werden, sie kann jeden ihrer Sätze austauschen, sofern man nur am Rest der Theorie festhält. Man erkennt das auch an einem der wichtigsten Umbauten der Theorie, nämlich der Einführung von Selbstreferenzkonzepten. Die sogenannte autopoetische Wendung betrifft zwar scheinbar die »Grundlagen« der Theorie, aber andererseits lässt sie große Teile ihres Thesenbestandes völlig intakt. An den Thesen der Gesellschaftstheorie etwa gibt es seit Mitte der 1970er-Jahre keine größeren Revisionen mehr, und das, obwohl doch jene Wendung erst deutlich später erfolgte. Bei einer deduktiven Theorie wäre das gar nicht möglich, sie könnte eine Revision dieses Typs gar nicht ins Auge fassen, weil sie zu viel umstoßen würde. Und so wie die Theorie, so ist auch der Kasten in keiner Weise als Hierarchie angelegt. Deswegen können eben auch optisch relativ untergeordnete Zettel zum Zentrum für sehr ergiebige Verweisungen werden. Wichtige Einträge finden sich unter thematischen Oberbegriffen, die offensichtlich eine abgeleitete Funktion haben. Auch das zeigt an, dass das Ganze sehr viel komplexer ist, als eine Hierarchie es gestatten würde.

Kursbuch: Das heißt, dass die Texte, die daraus entstehen, nur derivative Formen von etwas sind, was schon da ist? Oder wäre das übertrieben? Ich will darauf hinaus, dass Texte linear geschrieben werden müssen, sie brauchen zum Teil Hierarchien, sie müssen eine These aufstellen, die man dann begründet, sie müssen eine Dramaturgie entwickeln, die ja selbst oftmals so etwas wie einen Gesamtbogen braucht, der für die einzelnen Gedanken womöglich nicht gilt. Das heißt, es gibt eine ästhetische Differenz zwischen dem Text, der aus diesen Geschichten entsteht, und dem Verweisungssystem dieses Kastens.

Kieserling: Es gehört zu den Unkosten des Verzichts auf Hierarchie als Theorieform, dass es zu Problemen mit der schriftlichen, also notgedrungen linearen Darstellung kommt. Mit ihr stand Luhmanns Theorie gleichsam auf Kriegsfuß, und die viel beklagten Verständnisschwierigkeiten, die man mit seinen Texten haben kann, gehen sicher auch darauf zurück. In einer Vorlesung hat er dies sinngemäß einmal so formuliert: Die meiner Theorie angemessene Darstellungsform wäre eigentlich eine volldemokratische Mitbestimmungsprosa, wo jeder an jeder Stelle seinen eigenen Beitrag hinzufügen und dadurch die Theorie selbst ein wenig verändern kann. Unter diesem Aspekt könnte der Kasten die eigentlich angemessene Darstellungsform der Theorie selbst sein. Denn er zeigt jedem, der damit arbeitet, eine andere Theorie.

Kursbuch: Stellt denn der Kasten die Theorie immer noch dar, obwohl Luhmann als Kommunikationspartner des Kastens nicht mehr zur Verfügung steht?

Kieserling: Das ist eine schwierige Frage. Projektkoordinator Johannes Schmidt und sein Team haben den Kasten ja erst vor wenigen Jahren wirklich in die Hände bekommen, und dementsprechend unvollkommen ist unser bisheriges Wissen.

Die Frage, was andere mit dem Kasten werden anfangen können, wäre eigentlich nur dadurch zu beantworten, dass möglichst viele Leute mit ausreichender Theoriekenntnis einmal den Versuch unternehmen, ihn zu bestimmten Themen zu befragen, um dann an sich selbst festzustellen, ob er sie dafür mit Ideen belohnt, die sie vorher nicht hatten, und mit denen sie etwas anfangen können. Das setzt jedoch einen anderen Grad an inhaltlicher und technischer Aufbereitung voraus, als wir ihn bisher erreicht haben.

Dass Luhmann selbst den Kasten in dieser produktiven Weise hat nutzen können, wird man ihm gerne glauben, auch wenn er in manchen Formulierungen vielleicht ein wenig übertrieben hat. Ich meine, ob es wirklich der Kasten war, der ihm die Bücher diktierte, so wie er es gelegentlich suggerierte, das wird man von außen ohnehin schwerlich feststellen können. Aber dass ihm das Gerät nicht nur als Gedächtnisstütze für etwas eigentlich schon Bekanntes gedient hat, davon darf man wohl ausgehen, denn anders wäre die sehr aufwendige Sammeltätigkeit ja auch nicht sehr lohnend gewesen. Und auch die Nachteile des Verzichts auf Systematik hätte er ohne die entsprechenden Vorteile wohl nicht in Kauf genommen.

Kursbuch: Das Stichwort Intelligenz ist schon gefallen. Sicher scheint auf jeden Fall zu sein, dass der Zettelkasten oder die Zettelkästen kein Luhmann-Algorithmus sind, also nicht so etwas wie eine Rekombinationsmaschine, aus der man jetzt weitere Luhmann-Bücher gewinnen könnte, das wäre sicher auch naiv, diese Erwartung zu haben, aber was ist er dann?

Mich würde interessieren, ob der Kasten eine eigene Intelligenz besitzt oder ob der Kasten die Intelligenz des Autors beziehungsweise die Intelligenz dieser wissenschaftlichen Aussagen befördert. Vielleicht müsste man sich darüber verständigen, was man unter Intelligenz versteht. Ich würde versuchsweise unter Intelligenz die Fähigkeit verstehen, mit einem gewissen Quantum von Unordnung umzugehen. Dinge, die eindeutig entscheidbar sind, brauchen keine Intelligenz, und bei Dingen, die überhaupt nicht entscheidbar sind, hilft auch keine Intelligenz. Alles, was dazwischen ist, muss intelligent gelöst werden, das heißt, man nimmt diese und nicht jene Lösung und schaut, was man mit den Ergebnissen macht. Ich würde es bei einem solchen, eher technischen Versuch belassen, über Intelligenz zu reden. Meine Frage: Wie trägt der Zettelkasten dazu bei, das zu ermöglichen?

Kieserling: Zwischen dem Kasten und der Theorie kann man verschiedene Beziehungen konstruieren, je nach der Theoriekomponente, die man dabei vor Augen hat. Man muss also nicht vom Kommunikationsbegriff ausgehen und fragen, ob er auf die Beziehung des Sammlers zu seiner Sammlung passt. Geht man stattdessen von der Evolutionstheorie aus, dann könnte man vielleicht sagen, dass es auch im Kasten eine deutliche Differenzierung von Variation und Selektion gibt. Zwischen dem, was an Neuem hinzugefügt wird, also der Variation, und der selektiven Abfrage liegen ja erhebliche zeitliche und sachliche Differenzen, sodass die spätere Verwendung eines Gedankens nicht das Kriterium für seine Eingabe gewesen sein kann. Der Auswertungskontext ist ein ganz anderer als der Eingabekontext, und die Intelligenz des Kastens läge dann darin, dass er dies aushält, also trotz dieser Differenzierung auf Nachfrage hin etwas Brauchbares hergibt.

Eine der Voraussetzungen dafür hat Luhmann selbst darin gesehen, dass der Kasten die meisten Einträge an mehr als einer Stelle und in mehr als nur einem sachthematischen Kontext akzeptiert hätte, und darin, dass er auch die alternativen Stellen durch seine Verweistechnik zu markieren pflegte. Es gibt also für jeden Gedanken, der in ihn eingeht, einen durch den Kasten selbst erzeugten Horizont an anderen Verwendungsmöglichkeiten, und diese werden festgehalten mit dem Vorteil einer Vielzahl von Auswertungsmöglichkeiten, die sich erst in der Situation der Abfrage konkretisieren. Aber auch dies ist zunächst nur eine Selbstbeschreibung des Autors.

Kursbuch: Auch wenn es so nie geplant war, muss man wahrscheinlich sagen, dass die Kopplung dieses Kastens an Luhmanns Bewusstsein doch konstitutiv ist?

Kieserling: Ja, das ist wirklich eine gute Formulierung. Mein Kollege Dirk Baecker und ich haben Luhmann unabhängig voneinander einmal gefragt, ob er sich vorstellen kann, dass auch andere mit diesen Kasten so würden arbeiten können, wie er das berichtet hat. Und er hat in beiden Fällen ganz einsilbig geantwortet: Das setze ja voraus, dass er dann bereits tot sei; und damit war das Thema auch beendet. Die Wahrscheinlichkeit, dass der Kasten neben den sachlichen und zeitlichen auch die sozialen Differenzen überbrückt und dann auch Dritten als Arbeitsinstrument dienen kann, ist vielleicht nicht sehr groß, und zwar aus genau dem Grund, den du genannt hast: strukturelle Kopplung an das Bewusstsein seines Autors. Was er dagegen in jedem Falle bietet, ist eine perfekte intellektuelle Autobiografie. Es gibt keinen zweiten Autor, auch nicht unter den historisch bekannten Vielschreibern wie Edmund Husserl oder Martin Heidegger, dem man in dieser oder ähnlicher Weise beim Aufbau einer großen Theorie zusehen könnte.

Kursbuch: Mich würde im Hinblick auf Intelligenz interessieren, wie man die Selektivität des eigenen Bewusstseins organisiert? Luhmann hat doch mit dem Zettelkasten, und eigentlich kann man das auch auf die Bibliotheken übertragen, die Möglichkeit gegeben, Dinge zu vergessen, um sie wiederzufinden. Es geht um so etwas wie selektive Entlastung. Wäre das vielleicht eine Parabel auf Intelligenz, sich von seinen eigenen Operationen so überraschen lassen zu können, was nur geht, wenn man zwischendurch, sagen wir mal, die Früchte des Lesens oder des

Arbeitens oder des Nachdenkens ausblenden kann und sie trotzdem nicht verloren gehen?

Kieserling: Vielleicht hilft es hier weiter, einmal nach Luhmanns eigenen Vorstellungen von Intelligenz zu fragen. Da er das Wort, anders als Talcott Parsons, nicht begrifflich präzisiert, ist man hier freilich auf eigene Interpretationen angewiesen. Mir scheint, dass er eines der Paradigmen für Intelligenz in dem gesehen hat, was man im 18. Jahrhundert Witz genannt haben würde. Damit waren seinerzeit nicht Scherze gemeint, sondern eher so etwas wie geistreiche Bemerkungen, frappierende Behauptungen und vor allem gewagte Vergleiche, die man aber gleichwohl nicht einfach als unsinnig abtun kann, weil sie zunächst überraschend und dann überzeugend sind.

Die These, Religion sei so etwas wie das Opium des Volkes, die aus dem 19. Jahrhundert stammt, wäre ein Beispiel dafür. Methodisch gesehen ist auch das ein Vergleich, aber eben nicht ein struktureller Vergleich, der übereinstimmende Merkmale für wesentlich hält und dann Ähnliches neben Ähnliches stellt, also etwa die eine Religion neben die andere, sondern ein funktionaler Vergleich. Die Religion und das Rauschgift sind einander nicht ähnlich, aber sie haben dieselbe Funktion, nämlich die einer Beruhigungspille für die Verlierer eines Systems ungleicher Verteilungen. Sie dienen in gleicher Weise, wenn auch unter unterschiedlichen Einsatzbedingungen und mit unterschiedlichen Nebenfolgen, der Unterschichtendomestikation, um es mit einer Formulierung Max Webers zu sagen.

Aus dieser Art von Witz oder Intelligenz hat Luhmann seine eigene Methode gewonnen. Danach dient die Identifikation einer Funktion nicht der Heiligung des Bestehenden, sondern genau umgekehrt dazu, die Suche nach Alternativen zu strukturieren. Die damit verbundene Steigerung der Vergleichsleistung, der noch überbrückbaren Ungleichheit, wird dadurch erreicht, dass die Verglichenen nicht in ihren Merkmalen zählen, sondern in ihrer Beziehung auf ein zu lösendes Problem.

Diese Methode hat mit dem Kasten gemein, dass sie lebensweltliche Vergleichssperren nicht akzeptiert und daher auch mit einer Einteilung der Welt in angeblich unvergleichliche Themen und Themenbereiche brechen muss.

Kursbuch: Die Ironie im Begriff des Kastens besteht wohl darin, dass es viele ungeübte Leser dieser Theorie gibt, die sagen würden, sie sei nicht besonders intelligent, weil sie alles in Kästchen packt, zum Beispiel differenzierungstheoretisch oder auch mit starken Begriffen, und dann gibt es auch noch einen Zettelkasten, der aber, wie wir gerade rekonstruiert haben, genau das Gegenteil einer Kästchenlogik darstellt, sondern gerade von Verweisen zwischen unterschiedlichen Stellen lebt.

Eigentlich ist alles mit allem verknüpfbar, und weil das so ist, ist es eine Information darüber, was womit nicht verknüpft ist, das ist vielleicht diese Intelligenz der Geschichte. Kann man das auf so einen Begriff bringen?

Kieserling: Selbstverständlich ist der Kasten *auch* das Zeugnis einer gewissen Ordnungsliebe, einer erheblichen intellektuellen Disziplin und einer großen Sammelleidenschaft. Wie ich von seiner Tochter erfahren habe, war Luhmann in seinen jungen Jahren auch Briefmarkensammler, und in einem allerersten Zettelkasten soll er seine Lektüreerfahrungen aus Jugendbüchern festgehalten haben.

Andererseits haben wir es hier mit einer sehr mobilen Ordnung zu tun, auf die wohl niemand gekommen wäre, der an analytischem Waschzwang leidet. Der Einwand des Kästchendenkens scheint mir ganz generell eher auf Parsons, den späten zumal, als auf Luhmann zu passen. Aber über all das sollten wir vielleicht in zehn Jahren noch einmal reden, dann wissen wir mehr darüber. Einstweilen geht von dem Kasten der Eindruck einer undurchdringlichen Blackbox aus, der man von außen nicht ansehen kann, wie sie arbeitet. In einem der wenigen Zettel, die den Kasten selber zum Thema haben, hat Luhmann dieses Ungenügen am Sichtbaren übrigens auch selbst registriert, und zwar an all den vielen Besuchern, die nach Oerlinghausen gekommen waren, um sich den Kasten anzuschauen. Dort heißt es sinngemäß: Anschauen dürften sie alles, aber eben auch nur anschauen – wie im Pornofilm, und entsprechend groß sei die Enttäuschung.

Kursbuch: Vielen Dank für das Gespräch.

FLXX
Schlussleuchten von und mit *Peter Felixberger*

Die Jüngeren werden sich erinnern. 1985 kam Coca-Cola auf die glorreiche Idee, Rezeptur und Geschmack der Coke zu ändern. Ein riesiger Werbe- und Presserummel machte das Ereignis landesweit bekannt. Binnen 24 Stunden hatten geschätzte 150 Millionen Menschen das neue Getränk probiert. Man hatte alles genau vorausberechnet, allein vier Millionen Dollar für Geschmackstests ausgegeben. Doch es kam zum Desaster. Massenhafte Anrufe von erzürnten Kunden. Konsumenten begannen, Hamstervorräte der alten Coke anzulegen. Deren Preis stieg in Minutenschnelle. Zehntausende von Protestschreiben gingen in den nächsten Wochen in der Firmenzentrale ein. Am 11. Juli gaben die Topmanager ihren Entschluss bekannt, die ursprüngliche Rezeptur unter der Firmenmarke Coca-Cola Classic wieder einzuführen, und versicherten allen Kunden, dass der Konzern die Botschaft verstanden habe.

Das Beispiel zeigt, wie unsinnig es ist, die Zukunft mittels subjektiver Intelligenzvermutung exakt vorherbestimmen zu wollen. Alle Beteiligten bei Coca-Cola entschieden offenbar in der Illusion, sie hätten die Lage jederzeit im Griff, gleichzeitig wurden alle Anzeichen von Fehleinschätzung standhaft ignoriert. Die Firma setzte blind auf die eigene Intelligenz und betrachtete andererseits den Kunden als extern dummes Schaf, das trinkt, was es vorgesetzt bekommt. Was er jedoch nicht tat. Hinzu kam: Die Marketingstrategen suchten nur nach Hinweisen, die ihren Entschluss bestätigten. Sie waren nicht in der Lage, das eigene Wissen unvoreingenommen zu aktualisieren, und geradezu achtlos bei der Beurteilung der Umstände vorgegangen.

Was lernen wir daraus? Intelligent ist, wem klar ist, was er nicht weiß. Das Besondere liegt daher in der Negation der Überzeugung, das eigene Wissen bedinge Intelligenz. Im Gegenteil: Nichtwissen ist ein mindestens ebenso großer Treiber menschlicher Intelligenz. Oder wie ein uraltes arabisches Sprichwort sagt: »Das beste Wissen ist das, das du erst kennst, wenn du es brauchst.« Free-Solo-Kletterer werden jetzt heftig nicken. Es geht aber sportlich auch eine Etage tiefer.

Wer etwas intensiver Tischtennis spielt, weiß das nämlich auch und braucht keine nahöstlichen Weisheiten mehr. Der Ball, der sowieso schneller als das menschliche Bewusstsein ist, zwingt den Spieler im Idealfall, seine ihm unbekannte Spielintelligenz im Moment des Schlages zum Ausbruch kommen zu lassen. Da bricht sie dann urplötzlich heraus, die Intelligenz, ungezähmt, wild und nicht aufzuhalten. Jeder gute Tischtennisspieler kennt den Moment, in dem er sich verschämt wundert, wie er diesen einen besonderen Schlag hinbekommen hat, ohne wirklich Einfluss genommen zu haben. Dieser wunderbare Moment, in dem ein warmes Allmachtsgefühl das Gehirn überflutet. Dopamintornado. Und Sekunden später verzweifelt er unendlich, wenn ihm der leichteste Schlag in einer wirren Bewegung misslingt. Jetzt würde man am liebsten im Boden versinken. Wir ahnen es bereits: Intelligent ist, wer weiß, was unklar ist. Das Besondere liegt folglich in der intelligenten Anpassung an den außergewöhnlich überraschenden Moment. Inklusive: Im So-tun-als-ob liegt ein grundlegendes Leck-mich-am-Arsch, was man auch als überlebenswichtigen Reflex auf die komplexen Überforderungswirren im Hier und Jetzt interpretieren könnte.

Diese Kolumne, liebe Kursbuch-LeserInnen, darf ab dieser Ausgabe erscheinen. Sie irrlichtert bewusst in den Sicherheitskorridoren der letzten Wahrheiten. Allzeit bereit, selbige

wie einen Pudding an die Wand zu nageln. Oder, um ein anderes Bild zu strapazieren: Statt Nadel finden eher Heu wenden. Ihr bescheidenes Ziel wird sein, die Widersprüche und Anomalien im täglichen Leben als die eigentlichen Energiespender zu würdigen, die uns zu wohliger, synthetischer Einsicht und Zufriedenheit führen. So lässt sich der Autor treiben – auf einer Bahnfahrt, auf einem Berg oder nur auf der Toilette sitzend. Scheinbare Gewissheiten lösen sich auf, womögliche Ungewissheiten spannen ihre Muskeln und spontane Banalitäten kreuzen die Klingen. Diese Kolumne feiert die Ahnungslosen, entlarvt die Bodenlosen und kokettiert mit den Zweifellosen. In der ersten Folge preisen wir die künstliche Intelligenz. Sie erhält den FLXX, der nicht nur Kolumnentitel, sondern auch symbolischer Preis ist, den wir ab jetzt vierteljährlich an Personen, Ideen und Projekte verleihen, die den nahezu unerreichbaren Anspruch erfüllen, gleichzeitig ahnungs-, boden- und zweifellos zu sein.

Die künstliche Intelligenz kennen wir noch nicht so richtig. Ich stelle sie mir als kleines, scheues Monster vor, das im dunklen Wald lebt, den Kindern gerne Angst macht und böse wird, wenn wir es nicht in Ruhe groß werden lassen. Denn noch ist es klein und dumm, duckt sich weg, wenn ein Lichtstrahl im dunklen Wald nach ihm sucht. Huhu, KI, zeig dich! Wir wollen dich sehen!

Es geschah vor einigen Monaten auf einer Konferenz in New Orleans, die mit dem kleinen, scheuen Racker näher in Kontakt treten wollte. Ein Großcomputer wurde herbeigeschafft, um die Frage nach dem Sinn des Lebens zu beantworten. Es ist nicht bekannt, wie stark der Rechner, in dessen Eingeweiden ein kleines, fettes KI-Monsterexemplar lebt, gekühlt werden musste, um sich durch Milliarden von Datenhappen zu fressen, die ein sinnvolles Leben präjudizieren. Jedenfalls kam am Ende heraus: »Living is the experience of happiness.« Die Konferenzteilnehmer schauten sich schulterzuckend an. Tja, was will man da entgegnen?

Schnell war klar, so einfach wollten sie die banale Essenz, auf die der Mensch in seiner langen Geschichte gefühlt schon 20 Milliarden Mal gekommen war, nicht stehen lassen und fragten hurtig nach: Hallo KI-Monster, wie findet jeder sein Glück?

Jetzt wurde die Sache spannend. Wieder zog sich der Großrechner zurück, das KI-Monster schmatzte, rülpste und furzte, und spuckte nach lautem Darmgrummeln vier Antworten aus. Mir war klar, hier passierte Epochales. Life-changing, wie Hornbrillenträger in Berlin-Mitte sagen. Die erste Antwort brachte mich sofort ins Grübeln: »Spend some time each day thinking about how you're feeling.« Ich begann also, dreimal täglich bewusst darüber nachzudenken, wie ich mich fühle. Das ist keineswegs einfach in einer Welt, die einem ein tägliches Stakkato an spitzer Rationalität entgegentrommelt. Blöderweise hatte ich bei Antwort 1 mit einem Tag begonnen, an dem ich mich diesbezüglich dreimal ziemlich ausgelaugt und ausgepowert fühlte. Früh, mittags und abends. Was mich abschließend zu der Überlegung brachte, vielleicht auf die Übung zu verzichten, wenn ich mich kacke fühle.

Meine Hoffnung lag deshalb in der zweiten Antwort: »Take a moment to look within and find what makes you happy.« Ich hörte sofort in mich hinein, als ich just beim Fußballspielen ein Kopfballtor erzielte. Was einmal in zwei Jahren vorkommt und meine Mitspieler immer zu herablassenden Witzen animiert, dass ich den Kopf zu spät aus der Flugbahn des Balles bekommen habe und Ähnliches. Was mich daran erinnerte, dass in jedem Glück ein wenig Humor, aber auch Zweifel stecken. Mir wurde schummrig. Ich fühlte in der Folge den unablässigen Trieb, ab sofort immer und jedes Mal ein Kopfballtor zu machen, bemerkte aber umgehend, dass mir gewisse Limitationen bei der Erfüllung dieses Wunsches auferlegt sind. Ich kann nämlich fühlen, was ich will – wenn mein Gegenspieler einen Kopf größer ist als ich, baut der Ball gerne eine gewisse Distanz zu mir auf.

Bei der dritten Antwort fühlte ich mich dann wieder wertgeschätzt: »Read a book.« Naja, dachte ich mir, wenigstens diese Kulturtechnik beherrschst du. In der Ergänzung aber grunzte der große KI-Guru aus dem

Inneren: »Anything.« Zack, das saß. Egal, ob einen billigen Arztroman oder einen *Mann ohne Eigenschaften*. Hauptsache Buch, Ich träumte in der Nacht von einer Werbeaktion des Börsenvereins des Deutschen Buchhandels aus den 1980er-Jahren. Es salutierten Headliner auf der *Grand Parade of Lifeless Packaging*, zum Beispiel: »Lesen statt dösen.« Ein appellativer Aufruf, der nur noch von dem Jahrhundertsatz getoppt wurde: »Buch macht kluch.« Am Ende des Traums surfte ein Spruch vorbei, der mich an meine Zeit bei der EXPO-2000-Weltausstellung erinnerte und heute im modernen Erdkundeunterricht nicht fehlen darf: »Schwing deine Haxn nach Niedersachsen.« Intelligent spricht anders. So blieb mir nur noch die vierte Antwort, um endlich mein Leben in sinnvolle Bahnen zu lenken.

»Eat a healthy diet – especially lots of vegetables.« Hier regte sich bei mir sofort innerer Widerstand, jedoch ertappte ich mich gleichzeitig, wie ich beim nächsten Spargelessen auf den gekochten Schinken verzichtete. Gab es doch noch Hoffnung für mich? Interessanterweise begann ich zur gleichen Zeit mit der Lektüre des neuen Buches von Armin Nassehi, das gerade das Licht der Welt erblickt hat. Darin vertritt er unter anderem die These, dass die Digitalisierung die Verdoppelung der Welt in Datenform sei. Das machte mich stutzig. Besteht der ganze Trick der künstlichen Intelligenz offenbar nur darin, die Welt und nichts als die Welt zu rekonzentrieren? Wie ein Glas Tomatensugo, das außen mit prallen, reifen Tomaten auf die Inhalte hinzuweisen versucht? Das malmende KI-Monster im Innern des Großrechners war unterdessen still geworden. Es hatte alles verdaut, was der Sinn des Lebens hergab.

Am nächsten Morgen wurde mir klar, dass ich nur noch den Maibock aus der Gefriertruhe schaffen müsste. Doch ein weiteres Gedankendilemma preschte heran: Der Maibock war nämlich mal ein Maibock, als er eben noch ein Maibock war. Doch die Bestimmung sah vor, dass er bald ein Ragout oder ein Rehschnitzerl werden sollte. Eine Verdoppelung der ganz anderen Art. In der analogen Welt, aber ganz real ein Gaumenschmaus. In diesem Augenblick überkam mich ein warmes

Gefühl voller Dankbarkeit. Wie glücklich ich in diesem Moment war, als ich merkte, dass mir kein KI-Monster dieser Welt das Rehragout wegfressen kann, weil es nur beschäftigt ist, den Datenmüll zu verpansen, den es tagein, tagaus in sich hineinstopft. Jetzt fühle ich mich wieder richtig gut, wenn es mir gut geht! Willkommen in dieser Kolumne!

(Der Text basiert unter anderem auf dem Montagsblock 86, dem 14-tägigen *Kursbuch*-Blog der beiden Herausgeber Peter Felixberger und Armin Nassehi.)

Die Autoren

Sibylle Anderl, geb. 1981, ist Redakteurin für die Ressorts Natur und Wissenschaft im Feuilleton der *Frankfurter Allgemeinen Zeitung*. Zuletzt erschien *Das Universum und ich. Die Philosophie der Astrophysik*.

Dorothea Brückner, geb. 1948, ist Bienenforscherin an der Universität Bremen im Arbeitsbereich Kognitive Neuroinformatik. Zusammen mit Bettina Thierig arbeitet sie seit 2018 am interdisziplinären gemeinsamen Bienen-Kunstprojekt.

Wolfgang Coy, geb. 1947, ist Professor emeritus für Informatik an der Humboldt-Universität zu Berlin. Promoviert wurde er mit einer Arbeit über die Komplexität von Hardwaretests und veröffentliche zahlreiche Bücher zu Themen an der Schnittstelle zwischen menschlicher und künstlicher Intelligenz.

Peter Felixberger, geb. 1960, ist Herausgeber des *Kursbuchs* und Programmgeschäftsführer der Murmann Publishers. Als Buch- und Medienentwickler ist er immer dort zur Stelle, wo ein Argument ans helle Licht der Aufklärung will. Seine Bücher erschienen bei Hanser, Campus, Passagen und Murmann. Zuletzt erschien *Wie gerecht ist die Gerechtigkeit?*

Berit Glanz, geb. 1982, ist wissenschaftliche Mitarbeiterin am Lehrstuhl für Neuere Skandinavische Literaturen des Instituts für Fennistik und Skandinavistik der Universität Greifswald mit Forschungsschwerpunkt Medienwandel. Sie engagiert sich aktiv, Literatur und soziale Medien zusammenzubringen. Zuletzt erschien *Pixeltänzer*.

André Kieserling, geb. 1962, ist Professor für Allgemeine Soziologie und Soziologische Theorie an der Universität Bielefeld. Er leitet dort das Forschungsprojekt »Niklas Luhmann – Theorie als Passion. Wissenschaftliche Erschließung und Edition des Nachlasses«. Zuletzt erschien *Niklas Luhmann. Systemtheorie der Gesellschaft* (zusammen mit Johannes Schmidt).

Armin Nassehi, geb. 1960, ist Soziologieprofessor an der Ludwig-Maximilians-Universität in München, Herausgeber des *Kursbuchs* und einer der wichtigsten Public Intellectuals in diesem Land. Gerade erschien sein neues Buch *Muster. Theorie der digitalen Gesellschaft.*

Michael Pilz, geb. 1965, ist Redakteur im Feuilleton der *Welt*. Der studierte Chemiker und Musikwissenschaftler arbeitete mehrere Jahre als Grundwassermesser, Laborant und Betonarbeiter. Zuletzt erschien *Tanz der Elemente. Über die Schönheit des Periodensystems.*

Michael Popp, geb. 1959, ist Vorstandsvorsitzender und Inhaber von Bionorica SE, einem der weltweit führenden Hersteller von pflanzlichen Arzneimitteln. Seit 1999 ist er Honorarprofessor für Analytische Phytochemie und Pharmazeutische Biologie an der Universität Innsbruck.

Harro von Senger, geb. 1944, ist Professor emeritus an der Universität Freiburg im Breisgau und Experte für chinesisches Recht des Schweizerischen Instituts für Rechtsvergleichung in Lausanne. Er ist Autor zahlreicher Bücher und brachte mit seinem Werk das Wissen um die 36 Strategeme in den Westen.

Natalie Sontopski, geb. 1984, arbeitet als wissenschaftliche Mitarbeiterin im Komplexlabor Digitale Kultur der Hochschule Merseburg und forscht dort zu Grundlagen digitaler Kultur, Code Literacy sowie Gender und digitalen Technologien. 2012 gründete sie gemeinsam mit Julia Hoffmann die Code Girls. Zuletzt erschien *We Love Code! Das kleine 101 des Programmierens.*

Bettina Thierig, geb. 1964, ist Bildhauerin und Autorin. 2018 erhielt sie ein Stipendium als Artist in Residence im Hanse-Wissenschaftskolleg in Delmenhorst und arbeitete während dieser Zeit intensiv mit der Bienenwissenschaftlerin Dorothea Brückner zusammen, um die Welt der Bienen künstlerisch zu erforschen.

Elin Nesje Vestli, geb. 1961, ist Professorin für deutschsprachige Literatur an der Hochschule Østfold in Norwegen. In Kürze erscheint *Exploring Identity in Literature and Life Stories. The Elusive Self.*